Kay Warren

Glaube auf eigene Gefahr
Was passiert, wenn man sich auf Gott einlässt

Über die Autorin

Kay Warren gründete 1980 gemeinsam mit ihrem Mann Rick
und acht Gottesdienstbesuchern in ihrem Wohnzimmer die
Saddleback-Gemeinde in der Nähe von Los Angeles. In ihrer
Gemeinde startete sie, nachdem sie selbst zweimal an Krebs
erkrankte, eine äußerst erfolgreiche Initiative gegen die Aids-
Krankheit, die landesweit für Aufsehen sorgt. Darüber hinaus
engagiert sie sich besonders für die Ehefrauen von Pastoren.

Kay Warren

Glaube auf eigene Gefahr

Was passiert, wenn man sich auf Gott einlässt

Aus dem Englischen übersetzt von Barbara Schuler

FSC

Mix

Produktgruppe aus vorbildlich
bewirtschafteten Wäldern und
anderen kontrollierten Herkünften

Zert.-Nr. SGS-COC-1940
www.fsc.org
© 1996 Forest Stewardship Council

Verlagsgruppe Random House
FSC-DEU-0100
Das für dieses Buch verwendete
FSC-zertifizierte Papier *Super Snowbright* liefert
Hellefoss AS, Hokksund, Norwegen.

Das amerikanische Original erschien
im Verlag Zondervan, Grand Rapids, Michigan 49530, USA,
unter dem Titel „Dangerous Surrender".
© 2007 by Kay Warren
© 2008 der deutschen Ausgabe by Gerth Medien GmbH, Asslar,
in der Verlagsgruppe Random House GmbH, München

Die Bibelstellen wurden den folgenden Übersetzungen entnommen:
„Gute Nachricht Bibel", revidierte Fassung, durchgesehene Ausgabe in neuer
Rechtschreibung, © 2000 Deutsche Bibelgesellschaft, Stuttgart (GNB)
„Hoffnung für alle – Die Bibel", durchgesehene Ausgabe in neuer
Rechtschreibung, © 1986, 1996, 2002 by International Bible Society, USA.
Übersetzt und herausgegeben durch: Brunnen Verlag Basel, Schweiz (Hfa)
„Lutherbibel", revidierter Text 1984, durchgesehene Ausgabe in neuer Recht-
schreibung, © 1999 Deutsche Bibelgesellschaft, Stuttgart (LÜ)
„Neues Leben Bibel", © Copyright der amerikanischen Ausgabe 1996 by Tyndale
House Publishers Inc., Wheaton, Illinois, USA. Originaltitel: Holy Bible,
New Living Translation, © Copyright der deutschen Ausgabe 2002 und 2005
by Hänssler Verlag, D-71087 Holzgerlingen, Germany. All rights reserved (NL)
„Revidierte Elberfelder Bibel", © 1985, 1992 R. Brockhaus Verlag, Witten (ELB)

1. Auflage 2008
Bestell-Nr. 816 351
ISBN 978-3-86591-351-7
Umschlaggestaltung: Michael Wenserit; Cindy Davis
Umschlagfotos: Dana Hursey Photography
Lektorat und Satz: Nicole Schol
Druck und Verarbeitung: GGP Media GmbH, Pößneck
Printed in Germany

Inhalt

Vorwort 7
Einleitung: Wie Sie möglichst viel Nutzen
           aus diesem Buch ziehen 9

Kapitel 1: Zwischen den Fingerritzen hindurchschauen . 11
Kapitel 2: Das Königreich des Ich 31
Kapitel 3: Auf wunderbare Weise verdorben 55
Kapitel 4: Achtung, fertig, halt! 73
Kapitel 5: Unrecht aufdecken 95
Kapitel 6: Spiegel lügen nicht 115
Kapitel 7: Das Geschenk der Gegenwart 131
Kapitel 8: Eine bewusste Entscheidung 149
Kapitel 9: Unerwartete Verbundenheit 165
Kapitel 10: Gemeinsame Sache machen 183
Kapitel 11: Einige sterben vielleicht heute 199

Anhang 1: Weiterführende Lektüre 221
Anhang 2: Anmerkungen 223

Ich möchte dieses Buch den HIV-Infizierten widmen, die ich in den vergangenen fünf Jahren kennengelernt habe. Ihr habt mein Leben bereichert. Euer Leiden hat mir das Herz gebrochen und euer Mut hat mich inspiriert. Ich bete mit euch für den Tag, an dem es kein Aids mehr geben wird.

Mein König Jesus Christus, dir verdanke ich alles. Ich bin dein, gebrauche mich, wie es dir gefällt. Meine Liebe zu dir lässt sich nicht in Worten ausdrücken und zum Dank kann ich nur mein Leben in deinen Dienst stellen. Meine Antwort wird immer ja lauten.

Vorwort

Lebensverändernde Bücher sind das Ergebnis veränderter Leben. Diese Bücher beeinflussen uns deshalb so stark, weil ihre Verfasser zutiefst aus dem Gleichgewicht gebracht wurden, und ihre Erfahrungen bringen wiederum uns aus der Ruhe. Wir sind bewegt, weil ihr Leben bewegt wurde. Wir werden verändert, weil sie verändert wurden. Ich wurde Zeuge, wie sich Kays Leben durch die wahren Begebenheiten und Erkenntnisse, die sie in „Glaube auf eigene Gefahr" beschreibt, radikal verändert hat, und so gehe ich davon aus, dass sich auch Ihr Leben verändern wird. Was mir an diesem Buch besonders gut gefällt, ist Kays Offenheit und ihre Bereitschaft, ihre Gedanken mitzuteilen. Man kann andere Menschen aus der Entfernung beeindrucken, doch um sie tatsächlich zu beeinflussen, muss man sie an sich herankommen lassen. Doch davor haben die meisten Leute eine Heidenangst. Viele Menschen machen alle möglichen Verrenkungen aus Angst, sich eine Blöße zu geben. Wenn man andere an sich herankommen lässt, dann entdecken sie unweigerlich unsere Macken, Fehler, Ängste und unser Versagen – und *das* ist für uns nicht selten der Albtraum schlechthin. Wir möchten zwar mit unserem Leben etwas bewirken, aber wir möchten nicht, dass uns irgendjemand wirklich kennt. Wir erzählen lieber nur unsere bereinigte Lebensgeschichte – nur die Höhepunkte. Doch das nimmt unserer Geschichte die dramatischen Kämpfe, die Authentizität und die Kraft, andere zu bewegen.

Authentizität schafft Glaubwürdigkeit und deshalb sind authentische Leute geradezu unwiderstehlich. Trifft man jemanden, *der so ist, wie er ist,* fühlt man sich ganz automatisch zu ihm hingezogen und möchte diesen Menschen kennenlernen. Leider ist unsere Authentizität in unserer Kultur, die sich bloß für das Image interessiert, oft aufgesetzt! Es lohnt sich, eine Rolle zu spielen, denn Schauspieler werden wie Götter behandelt. Nicht etwa aufgrund ihres wahren Charakters, sondern aufgrund dessen, was sie auf der Leinwand zu sein *vorgeben.*

Im Gegensatz dazu ist an diesem Buch nichts aufgesetzt oder inszeniert. Kay nimmt kein Blatt vor den Mund, sie erzählt von den guten und den schlechten Seiten und von den Kämpfen, die sie innerlich ausfocht, als sie sich mit der Frage auseinandersetzen musste, was im Leben wirklich zählt. Entstanden ist ein Bericht, der Schlag für Schlag den Kampf zwischen dem Ziel Gottes für unser Leben und dem nachzeichnet, wie unsere Natur und unsere Gesellschaft uns zu leben drängen. Es gibt nicht viele, die dermaßen unbeschönt ehrlich sind. „Glaube auf eigene Gefahr" ist ein mutiges Buch, das von der mutigsten Frau geschrieben wurde, die ich kenne.

Da ich mit Kay verheiratet bin, kann ich die Authentizität ihrer Botschaft bestätigen. Ich konnte ihre Reise von einem Platz in der ersten Reihe aus verfolgen und nach 23 Ehejahren gibt es einfach keinen eingebauten Weichzeichner mehr. Kay hat ein Leben der vorbehaltlosen Hingabe gelebt, manchmal zu einem hohen Preis. Und ihr Leben hat auch meines verändert.

Also stellen Sie sich darauf ein, herausgefordert, getröstet, überführt, fasziniert und verändert zu werden. Hingabe ist nicht die beste Art zu leben, es ist die einzige.

Rick Warren, Autor von „Leben mit Vision"
Saddleback Church

. . . .

Wie Sie möglichst viel Nutzen aus diesem Buch ziehen

Ich wurde einmal gebeten, in einem Wort auszudrücken, was das Leben eines Christen ausmacht, und nach ein wenig Nachdenken entgegnete ich: „Letztlich läuft alles auf Hingabe hinaus." Alles, was ich über eine persönliche Beziehung zu Jesus Christus weiß, beginnt und endet mit Hingabe – damit, dass man Ja sagt zu Gott. Dieses kurze, einfache Wörtchen gibt den Startschuss zu einem atemberaubenden, lebensverändernden Abenteuer, das Sie an Orte führen wird, die Sie sich nie hätten träumen lassen – im wörtlichen wie im übertragenen Sinne.

Auf meiner eigenen Reise der Hingabe an Gott habe ich das Beste und das Schlimmste zu sehen bekommen, was diese Welt zu bieten hat. Ich habe Bordelle und Badeorte besucht, Paläste und Lehmhütten. Unterwegs habe ich Präsidenten und Prostituierte getroffen, Milliardäre und Sozialhilfeempfänger. Ich habe schreiende neugeborene Babys im Arm gehalten und sterbende Frauen, die ihre letzten Worte flüsterten.

Auf dieser Reise habe ich neue innere und neue äußere Wirklichkeiten entdeckt. Gott hat mich auch an Orte tief in mir selbst geführt, die mir bislang unbekannt waren. Ich habe mich von meiner besten und meiner schlimmsten Seite kennengelernt. Und dabei ist auch Gott für mich persönlicher und realer geworden.

Sie werden beim Lesen dieses Buches vermutlich auch Höhen und Tiefen erleben, oft unerwartet. Deshalb empfehle ich Ihnen, dass Sie sich von Anfang an einen Lesepartner suchen, da wir in der Regel sehr viel mehr aus einem Buch lernen, wenn wir uns mit anderen über das Gelesene austauschen.

Es erwartet Sie keine leichte oder durchweg angenehme Lektüre – wenn Sie auf einen lockeren Spaziergang durch eine heile Welt aus sind, dann ist dies nicht das richtige Buch. Doch wenn Sie eine unbestimmte Sehnsucht umtreibt, dann ist „Glaube auf eigene Gefahr" das richtige Buch für Sie.

Jedes Kapitel endet mit Vorschlägen, den sogenannten „Praktischen Schritten", die Ihnen helfen sollen, sich konkret auf Gott einzulassen. Diese mögen Ihnen auf den ersten Blick dermaßen simpel vorkommen, dass Sie versucht sein könnten, sie zu überspringen. Dennoch sind diese Vorschläge extra so formuliert, dass Hingabe an Gott keine abstrakte Idee bleibt, sondern ganz konkret wird.

Beim Lesen dieses Buches werden Sie sich vielleicht häufiger fragen, wie Sie bestimmte Prinzipien auf Ihrer eigenen geistlichen Reise umsetzen können. Lassen Sie sich davon nicht entmutigen! Ich habe das „Wie" absichtlich etwas vage gelassen. Selbstverständlich wäre es einfacher, ich hätte Ihnen eine genaue Anleitung gegeben, wie man sich in drei Schritten vorbehaltlos auf Gott einlassen kann. Doch so ist das Leben nun mal nicht. Geistliche Reife lässt sich nicht mit Hilfe einer Formel erlangen – jedenfalls deckt sich das nicht mit meinen Erfahrungen.

Also, kommen wir zur Sache.

Kapitel I

Zwischen den Fingerritzen hindurchschauen

„Je mehr einem Menschen anvertraut wird, desto mehr wird von ihm gefordert" (Lukas 12,48; GN).

„Wenn Gott durch eine verletzte Seele in dieser Welt sein Ziel erreichen kann, könntest du ihm dann nicht danken für die Verletzung?" (Oswald Chambers: „Mein Äußerstes für sein Höchstes", 1. November).

Es traf mich völlig unvorbereitet.

Es war ein ganz normaler Morgen an einem ganz normalen Tag. Ich hatte nichts Außergewöhnliches vor, mein Terminkalender war mit dem Üblichen gefüllt. Ich hatte nicht die geringste Ahnung, dass Gott meine Welt erschüttern und die Zielrichtung meines Lebens für immer verändern würde.

Nichtsahnend machte ich es mir mit einer Tasse Tee auf der Wohnzimmercouch bequem und griff nach einer Zeitschrift. Ich sah, dass es darin einen Artikel über Aids in Afrika gab, und schlug die Seite beiläufig auf. Nicht etwa, weil mich das Thema „Aids in Afrika" interessiert hätte (Aids interessierte mich überhaupt nicht, weder in Afrika noch sonst wo), sondern weil ich auf dem Laufenden sein wollte. Doch kaum hatte ich angefangen zu lesen, da merkte ich, wie schrecklich die Bilder zu diesem Artikel waren: Da sah man Männer und Frauen, die nur noch aus Haut und Knochen bestanden, und Kinder, die so schwach waren, dass sie nicht einmal mehr die Fliegen von ihrem Gesicht verscheuchen konnten. Ich konnte mir diese Bilder nicht anschauen. Doch merkwürdigerweise konnte ich auch nicht aufhören zu lesen. Ich hielt mir die Hand vor die Augen und versuchte, durch die Ritzen zwischen den Fingern zu linsen, um den Text zu lesen, ohne die Gesichter der sterbenden Männer, Frauen und Kinder anschauen zu müssen.

Gott ist weise und wusste genau, wie er meine schwachen Versuche, die erschütternden Bilder abzublocken, umgehen konnte. Wenn er meine Aufmerksamkeit nicht durch die Bilder erlangen konnte, dann würde er eben den Text benutzen. Der Satz „Zwölf Millionen Kinder wachsen in Afrika aufgrund von Aids ohne Eltern auf" stach mir ins Auge und bohrte sich in mein Bewusstsein. Ich war geschockt, fassungslos und ungläubig.

„Nein", sagte ich laut, „das kann nicht sein. Es kann nicht auf einem einzigen Kontinent aufgrund einer einzigen Krankheit zwölf Millionen Waisenkinder geben. Ich kenne noch nicht einmal *ein* Waisenkind – wie kann es da zwölf Millionen geben?" Ich pfefferte die Zeitschrift entsetzt zu Boden.

Doch so leicht konnte ich diese für mich neue Wirklichkeit nicht abschütteln. In jener Nacht verfolgte mich der Gedanke an zwölf Millionen verlassene Jungen und Mädchen, deren Eltern an Aids gestorben waren. Mein letzter Gedanke vor dem Einschlafen galt den Waisen; beim Aufwachen am nächsten Morgen hatte ich ihre kleinen Gesichter vor Augen. Plötzlich begegneten mir überall Afrika, Aids und Waisenkinder! In jeder Zeitung, die ich aufschlug, stand ein Artikel über Aids in Afrika. Fast schien es, als griffe jede Zeitung die Geschichte auf. Ich versuchte in den darauffolgenden Wochen, den Geschichten und Bildern zu entkommen – vergeblich.

In meinem Inneren fingen Gott und ich eine sehr lebhafte Diskussion an. Zuerst stritt ich mit ihm über die Anzahl der HIV-Infizierten – das Virus, das Aids hervorruft – und die Zahl der Kinder, die deshalb als Waisen zurückblieben. Sicherlich hatten die Medien die Zahlen aufgebauscht. Ich war eigentlich davon überzeugt, dass ich über das Weltgeschehen ziemlich gut informiert war, und daher müsste ich doch *wissen*, wenn es ein Problem von dieser Größenordnung gäbe.

Meine Auseinandersetzung mit Gott dauerte an, aber im Laufe der Tage änderte sich die Argumentationsrichtung. Ich begann allmählich zu akzeptieren, dass es auf unserem Planeten tatsächlich eine humanitäre Krise gigantischen Ausmaßes gab. Die Medien hatten nichts aufgebauscht, keine Propagandamaschinerie versuchte, Mitleid für etwas zu wecken, das eigentlich nur eine Banalität war. Nein, da geschah etwas Entsetzliches direkt vor meiner Nase.

Ich fühlte mich vollkommen hilflos angesichts der neuen Realität, die sich vor mir aufgetan hatte. Ich schrie zu Gott: „Warum nervst du mich damit? Ich kann doch nichts dagegen tun. Wer bin ich denn schon? Was kann ein einzelner Mensch gegen ein so riesiges Problem ausrichten? Und, übrigens, falls du es noch nicht bemerkt haben solltest, ich bin eine weiße Einfamilienhäuschen-Mutti mit einem Minivan. Was weiß ich denn schon über eine Krankheit in Afrika?"

Nach einem Monat qualvollen Ringens mit Gott kam ich an einen Punkt, wo ich eine bewusste Entscheidung treffen musste. Würde ich mich zurückziehen, mein bequemes, durchgeplantes Leben wieder aufnehmen und so tun, als wüsste ich nichts von der HIV/Aids-Pandemie und den Millionen Waisenkindern? Oder würde ich Gottes Ruf annehmen und mich von einer Sache berühren lassen, die mit Sicherheit eimerweise Schmerz und Tränen mit sich bringen würde? Ich wusste nicht, was geschehen würde, gäbe ich diesem immer stärker werdenden Drängen nach, mich zu engagieren. Was hieß das überhaupt, „sich zu engagieren"? Ich hatte das Gefühl, am Rand einer gewaltigen Klippe zu stehen; es gab kein Zurück mehr, doch der Weg nach vorn kam mir wie ein Schritt ins Leere vor.

Dann kam der Augenblick der Entscheidung. Mit geschlossenen Augen und zusammengebissenen Zähnen sagte ich schließlich Ja. Kaum hatte ich das getan, wurde mein Herz schwer, und ich war *tief betrübt*. Es war, als würde Gott mein Herz nehmen und es in einen Häcksler stecken – hinein wurde ein „Ast" gestopft, doch auf der anderen Seite kam ein in tausend Stücke gehäckseltes Herz heraus. Blitzartig riss Gott mir die Augenbinde aus Trägheit, Unwissenheit und Selbstgefälligkeit vom Gesicht, und ich war zutiefst erschüttert angesichts des Leidens, das er mir offenbarte. Ich empfand eine neue Art von Schmerz – einen Schmerz, der mir durch und durch ging. Ich war erfüllt von Trauer und Kummer. Ich weinte, als sei ich selbst krank oder als sei ich das Kind, das alleine zurückgelassen worden war. Ich wusste so gut wie nichts über HIV/Aids, und doch fühlte ich mich augenblicklich mit denen verbunden, die davon betroffen waren. Mir ging es wie dem Apostel Paulus auf seinem Weg nach Damaskus, den ein helles Licht vom Esel gehauen hatte (siehe Apostelgeschichte 9), so hatte mich die Begegnung mit der Wahrheit verändert.

Ich wurde zu einer zutiefst gestörten Frau.

Plötzlich hatte ich das drängende Verlangen, mehr über HIV/Aids zu erfahren. Ich verschlang jedes Buch, jeden Artikel und jedes Video, derer ich habhaft werden konnte. Ich durchstöberte das Internet auf der Suche nach Webseiten, die etwas zu dieser globalen Krise sagten. Ich erkundigte mich bei Fachleuten im Gesundheitswesen. Ich nutzte alle meine Kontakte, um die Fühler nach jemandem auszustrecken, der mir erklären konnte, wie HIV/Aids entstanden war, was darüber bekannt war und was man dagegen tun könnte. Ich war in Eile, fast in fieberhafter Eile, um die verlorene Zeit wettzumachen.

Gestört

Das Wort *gestört* wird oft mit Verwirrtheit und Geisteskrankheit in Verbindung gebracht. Wir sagen: „Er ist gestört", und meinen damit, dass jemand nicht im Vollbesitz seiner geistigen Kräfte ist. Ich möchte dieses Wort neu definieren, denn ich glaube, dass Gott nach gestörten Menschen Ausschau hält. Er sucht nach Männern und Frauen jeden Alters, die sich von ihm *stören* lassen, indem sie sich die Welt zeigen lassen, wie sie wirklich ist. Die sich so verstören lassen, dass es sie drängt, etwas gegen das zu unternehmen, was sie sehen.

Die meisten von uns sind in einer Kultur aufgewachsen, die genau den gegenteiligen Ansatz propagiert: „Rede bloß nie über Politik und Religion; das kommt nicht gut an." Und größtenteils haben wir dieses kulturelle Gebot befolgt. Anstatt ungemütliche Themen anzupacken, reden wir über die neueste Realityshow im Fernsehen, über einen bekannten Sportler oder den Benzinpreis. Und Christen machen sich da genauso schuldig wie Nichtchristen! Was noch schlimmer ist: Wir weigern uns, über so schmerzliche, verstörende Themen zu reden wie Kinderprostitution, Kinderarbeit, Vergewaltigung, Armut, Ungerechtigkeit, Völkerhass, Gier, Materialismus, Umweltzerstörung und HIV/Aids. Dies sind verstörende Themen. Doch wenn uns die Welt, in der wir leben, nicht stört, ja *ver*stört, dann werden wir uns im Trivialen, Nichtigen und Vergänglichen verlieren. Wir werden unser Leben lang die falschen Ziele verfolgen, Erfolg an den falschen Maßstäben messen und unser Vermächtnis falsch einschätzen.

Die Aussage Jesu „Je mehr einem Menschen anvertraut wird, desto mehr wird von ihm gefordert" (Lukas 12,48; GN) begann in mir zu arbeiten und gesellte sich zu den verstörenden Bildern, die ich gesehen hatte. Mir war so viel anvertraut worden – wofür war ich im Gegenzug verantwortlich? Gott verlangt von uns eindeutig, „Recht zu üben und Güte zu lieben und bescheiden zu gehen mit [deinem] Gott" (Micha 6,8; ELB). Ich begann mich zu fragen, wie das in meinem Leben praktisch aussehen sollte. Wie würde es sich auf mein Leben auswirken, ein zutiefst gestörter Mensch zu sein?

Schon bald wurde mir klar, dass als Erstes meine Vorstellung von persönlicher Behaglichkeit auf den Kopf gestellt werden würde. Ich war nicht verstört, sondern hatte es sehr angenehm. Ich konnte mich nicht beklagen. Meine materiellen Bedürfnisse waren mehr als gestillt. Ich lebte in einer wunderschönen Gegend. Ich führte eine gute und befriedigende Ehe. Ich war stolz auf meine Kinder. Ich hatte Freunde, mit denen ich alles teilen und Spaß haben konnte. In meiner Gemeinde arbeitete ich in mehreren Dienstbereichen mit.

Es fällt uns gar nicht so schwer, ein abgehobenes Dasein zu führen, das vom Leid, das für den Großteil der Weltbevölkerung zur harten Realität gehört, völlig unberührt ist. Wenn Sie Nahrungsmittel im Kühlschrank, Kleidung am Körper, ein Dach über dem Kopf und einen Platz zum Schlafen haben, dann sind Sie reicher als 75 Prozent der Menschen auf dieser Erde! Wenn Sie auch nur *etwas* Geld auf der Bank haben, etwas in Ihrem Portemonnaie und vielleicht noch etwas Kleingeld irgendwo in einem Schälchen, dann zählen Sie zu den acht Prozent der Wohlhabenden dieser Welt. 92 Prozent müssen mit weniger auskommen als Sie! Wenn Sie niemals die Gefahren des Krieges erlebt haben, niemals die Einsamkeit eines Gefängnisses, die Qual der Folter oder den Schmerz des Hungers gespürt, dann haben Sie 500 Millionen Menschen auf der Welt etwas voraus. Wenn Sie ohne Angst vor Bedrohung, Verhaftung, Folter oder Tod in den Gottesdienst gehen können, dann haben Sie es besser als drei Milliarden Menschen auf der Erde.

Das erzähle ich Ihnen nicht, um Ihnen ein schlechtes Gewissen zu machen – aber ich hoffe, dass Sie sich etwas unbehaglich fühlen. Ich hoffe, dass diese Statistiken Sie verstören. Gott hat in seiner Souveränität entschieden, wo Sie geboren werden sollen, und er hat Ihnen erlaubt, an einem Ort zu leben, an dem es fast alles gibt, was man sich nur wünschen kann. Wir brauchen also kein schlechtes Gewissen zu haben, dass er es so eingerichtet hat. Die einzige Schuld, die wir auf uns laden, ist die, dass wir die Männer, Frauen und Kinder links liegen lassen, die nicht so leben können wie wir – dass wir den größten Teil unserer Zeit und unseres Geldes ausschließlich für uns selbst und unsere Familien verwenden. *Das* darf und soll uns ruhig ein schlechtes Gewissen machen.

Angenommen, diese Worte machen Sie betroffen. Was sollten Sie dann tun? Wo sollten Sie anfangen? Was ist der Wille Gottes für Sie und für die kaputte Welt, in der Sie leben?

Eines ist sicher: Gottes Wille fängt da an, wo wir uns ihm ausliefern.

Glaube auf eigene Gefahr

Der Ausdruck *sich ausliefern* hat für die meisten von uns einen negativen Beigeschmack. Verwandte Ausdrücke sind: *sich fügen, aufgeben, sich geschlagen geben, die Waffen strecken, sich unterwerfen, unterliegen, kapitulieren.* Sich auszuliefern impliziert, versagt zu haben – es ist eine Entscheidung, die man nur dann trifft, wenn man unwiderruflich mit dem Rücken zur Wand steht. Kein Wunder, dass dies ein Thema ist, das wir nicht gerne ansprechen. Es hat keinerlei Reiz für Menschen, die sich für stark halten. Der Glaube, dass wir stark und unabhängig und auf niemanden angewiesen sind, gehört zu den Illusionen, deren Westler wie ich uns gerne hingeben. Diese Illusionen übertragen wir auch auf unser geistliches Leben, und das hält viele davon ab, Jesus Christus nachzufolgen. Und selbst diejenigen unter uns, die zugegeben haben, dass sie Jesus Christus als Retter brauchen, haben Mühe, ihm den eigenen Willen jeden Tag neu zu unterstellen. Wir sind einfach zu sehr von uns selbst eingenommen, haben alles zu sehr im Griff, sind zu stolz.

Doch aus Gottes Perspektive betrachtet ist es etwas durch und durch Positives, wenn wir ihm unseren Willen unterstellen. Denn es bedeutet, dass wir unsere Unabhängigkeit von ihm aufgeben, dass wir uns nicht länger selbst genug sind, dass wir nicht mehr darauf bestehen, ihn nicht zu brauchen. Wenn wir uns Gott ausliefern, verändert sich alles! Und was ist daran so gefährlich? Das Gefährliche daran ist, dass wir uns keinem gütigen, aber unfähigen alten Mann mit weißem Bart ausliefern. Wir liefern uns dem allmächtigen Gott aus – dem Schöpfer und Bewahrer des Universums. In den „Chroniken von Narnia" stellt C. S. Lewis Gott in der Figur des Aslan sehr anschaulich dar: als mächtigen Löwen – gut, aber ganz bestimmt nicht zahm. Wir werden uns mit diesem Aspekt im nächsten Kapitel noch ausführlicher beschäftigen, doch Sie sollten schon hier, ganz am Anfang, wissen, dass Sie keinen kühneren und waghalsigeren Schritt gehen können, als Ihr Leben Gott auszuliefern. Wenn Sie das Risiko eingegangen sind, sich Gott ganz zur Verfügung zu stellen, dann werden Sie ihn immer besser kennenlernen und ganz in seinem Willen leben können.

Das langsam zutage tretende Bild

Vor jenem Frühlingstag im Jahr 2002 war ich davon ausgegangen, dass ich Gottes Willen für diese Phase meines Lebens kannte. Unsere Kinder waren schon fast alle flügge. Unser Jüngster stand kurz vor dem Schulabschluss und wir hatten alles schön durchgeplant. Wir gingen davon aus, dass wir in der zweiten Lebenshälfte in der Welt herumreisen und Ehepaare im vollzeitlichen Dienst ermutigen und lehren würden. Wir hatten einen ganz ausgezeichneten Plan für unsere Zukunft.

Es war nur nicht Gottes Plan.

Ich habe im Laufe der Jahre festgestellt, dass es sich mit dem Herausfinden von Gottes Willen so ähnlich verhält wie mit dem Anschauen eines noch unentwickelten Fotos aus einer Sofortbildkamera. Wenn die Kamera das Bild auswirft, ist es noch grau und konturlos, doch je länger man das Bild betrachtet, desto klarer wird es. An dem Tag, als ich einwilligte, mich um Menschen mit HIV/Aids zu kümmern, händigte Gott mir ein verschwommenes Sofortbild aus. Ich hatte keine klare Vorstellung von dem, was er von mir verlangte. Ich hatte kein Programm, keinen Plan, keine langfristige Strategie – ich wusste lediglich, dass ich Gott nicht eines Tages in die Augen sehen und sagen könnte, ich hätte das Leiden von Millionen Menschen ignoriert, weil ich die Vorstellung von so viel Leid nicht ertragen konnte oder weil ich nicht wusste, was ich dagegen tun sollte. Das Bild wurde nicht von einem Augenblick zum anderen scharf und deutlich, doch im Laufe mehrerer Jahre ist es immer klarer geworden. Ich „sehe" jetzt deutlicher, welche Rolle ich nach Gottes Willen dabei spielen soll, die Aids-Pandemie einzudämmen.

Nun sind Sofortbildkameras seit dem Einzug der digitalen Technik im Schwinden. Der ganze Prozess dauert uns zu lange – wir wollen augenblicklich Klarheit! Wir wollen nicht warten, bis das Bild entwickelt ist. Wenn wir spüren, dass Gott uns auf eine neue Reise schickt, dann wollen wir vorab alle Informationen. Ehe wir uns überhaupt auf den Weg machen, soll Gott uns bitte schön die Reisedokumente in dreifacher Ausführung aushändigen. Dazu wünschen wir noch eine detailgetreue Karte, und außerdem soll Gott uns garantieren, dass wir unversehrt am Bestimmungsort ankommen werden. Wir möchten die Belohnung eines Lebens kassieren, das im Glauben an Gott gelebt wurde, ohne unseren Glauben tatsächlich unter Beweis stellen zu müssen. Wenn Sie ein Mensch des Glaubens werden möchten, der sich Gott ganz ausliefert und den die Probleme dieser Welt nicht länger kaltlassen, dann müssen Sie bereit sein, im Voraus Ja zu sagen. Sie müssen Gott Ihre Antwort geben, ehe Sie überhaupt die Frage vernommen haben.

Die Erkenntnisse meines Freundes Gary Thomas sind mir immer wieder ein Ansporn, geistlich zu wachsen, denn sie durchdringen die Oberflächlichkeit meines Glaubens. Er schreibt: „Ich habe gelernt, dass sich mein Glaube nicht darin zeigt, wie viele meiner Gebete Gott mit einem Ja erhört, sondern ob ich bereit bin, Gott auch dann zu dienen und zu danken, wenn ich keine Ahnung habe, was er gerade tut.“[1]

Wir neigen zu der Auffassung, dass nur die Superstars – die hochintelligenten Überflieger, die umwerfend gut Aussehenden, die Topathleten – in dieser Welt etwas ausrichten können. Doch erfreulicherweise plant Gott nicht nur die Superstars ein, um seine Arbeit hier auf dieser Erde zu erledigen.

Gewöhnlich

Der Tag, an dem Gott mir die Augen für die Aidskatastrophe öffnete, kam für mich völlig überraschend. Mir wäre nicht im Traum eingefallen, dass ich irgendetwas gegen ein globales

Problem ausrichten könnte. Ich habe mich nie für besonders begabt oder talentiert gehalten – sondern für durchschnittlich und ganz gewöhnlich.

Als ich klein war, wollte ich in der Schule glänzen, aber allen Anstrengungen zum Trotz habe ich es nie auf die Bestenliste geschafft, und es hat auch nie für ein Stipendium gereicht. Ich war eben nur durchschnittlich. Als Pastorentochter wurde von mir erwartet, dass ich Klavier spielen lernte, also nahm ich Unterricht. Ich sah mich schon auf große Tourneen gehen und vor einem hingerissenen Publikum spielen, ja, vielleicht sogar ein oder zwei CDs aufnehmen. Doch ich stellte fest, dass ich zwar Klavier spielen kann, aber eben nur durchschnittlich. Niemand wird mit mir eine Klassik-CD aufnehmen wollen und auch die Konzerttournee hat nie stattgefunden. Ich erkannte, dass ich zum akademischen und künstlerischen Durchschnitt gehörte, doch eine Zeit lang hegte ich noch die hehre Hoffnung, dass ich mich zu einer strahlenden „Miss America"-Schönheit entwickeln würde. Ich wollte unbedingt den makellosen Körper und das ebenmäßige Gesicht all derer haben, die zum Schönheitswettbewerb antreten, und ich hielt im Badezimmerspiegel nach Anzeichen aufblühender Schönheit Ausschau, doch diese blieben aus. Zwar hat mir noch nie jemand gesagt, dass ich hässlich sei, aber ich habe auch noch nicht erlebt, dass ich einen Raum betrete und meine Schönheit den Anwesenden die Sprache verschlägt! Ich bin eben durchschnittlich.

Rick und ich waren schon eine Weile verheiratet, als ich über die Richtung, die mein Leben zu nehmen schien, immer unglücklicher wurde. Ich war so durchschnittlich, so *unbedeutend*. Man hätte meinen können, dass ich irgendeinen 08/15-Typen geheiratet hätte, der gut zu meinem Selbstbild gepasst hätte, aber nein, ich heiratete einen Superstar! Rick war bei allem, was er anfing, der Erste – immer! Er war sehr gut in der

Schule. Er war beliebt, talentiert und selbstbewusst. Er wurde zum Vorsitzenden jedes Vereins gewählt, dem er beitrat, und die Vitrine in seinem Wohnzimmer war voller Trophäen, die er und seine jüngere Schwester gesammelt hatten. Er hatte noch viel vor im Leben. Doch eines Sommers, als er als Rettungsschwimmer auf einer christlichen Freizeit arbeitete, vertraute er sein Leben Jesus an, und ein neuer Traum war geboren. Er wollte nicht länger in die Wirtschaft, sondern in den christlichen Dienst, und er wurde zu einem leidenschaftlichen Nachfolger von Jesus Christus.

Nachdem Rick sein Studium am theologischen Seminar in Fort Worth, Texas, abgeschlossen hatte, zogen wir zurück in unseren Heimatstaat Kalifornien und gründeten 1980 die *Saddleback Valley Community Church*. Rick leitete die Gemeinde, und sie wuchs rasch an, sowohl zahlenmäßig als auch an geistlichem Tiefgang. Ich war noch immer wie ein Fisch auf dem Trockenen und kämpfte darum, den Kopf über Wasser zu halten. Er war ein Superstar; ich eher ein kleines Licht. Doch einige Jahre nach der Gemeindegründung hatten Gott und ich eine Begegnung, die zu einem Schlüsselerlebnis für mich werden sollte. Eine Begegnung, auf die ich immer wieder zurückblicken und aus der ich Kraft schöpfen konnte.

Man hatte mich gefragt, ob ich auf einer unserer Veranstaltungen für Frauen sprechen wollte, und ich hatte widerwillig zugesagt. Zu dieser Zeit betreute ich in unserer Gemeinde die Arbeit mit Kindern, denn bei Kindern war ich auf der sicheren Seite: Sie würden mich nicht für unzulänglich halten. Es war ihnen sicher egal, ob ich ihnen die biblischen Geschichten rückwärts oder seitwärts erzählte. Auf dem Weg zu der Veranstaltung fing ich an zu weinen und versank in Selbstmitleid. Das geschah nicht gerade selten. Ich klagte: „Gott, du hast da einen schrecklichen Fehler gemacht. Warum hast du mich nicht besser gemacht? Du hättest Rick eine andere

Frau geben sollen – eine hübschere, talentiertere, begabtere, intelligentere. Ich bin einfach nicht gut genug." Ich war so verzweifelt, dass ich das Radio einschaltete und versuchte, mich von meiner Existenzangst abzulenken.

Und dann geschah es!

Genau in diesem Moment spielte im Radio ein Lied, das von Gott zu kommen schien und nur für mich gedacht war:

Gewöhnliche Leute

Ganz gewöhnliche Leute, Gott gebraucht gewöhnliche Leute. Er sucht sich Leute wie dich und mich, die bereit sind, seinen Willen zu tun. Gott gebraucht Leute, die ihm alles geben, egal, wie klein dir dein Alles auch erscheinen mag; denn aus wenig wird viel, wenn du es in die Hand des Meisters legst.

Oh, wie der kleine Junge bot Jesus seinen Fisch und Brot. Das ist alles, was er hat, doch Jesus macht damit die Massen satt. Was du hast, mag nicht viel scheinen, doch wenn du es gibst dem Einen, wirst du Wunderbares sehen, ja, und endlich auch verstehen, dass dein Leben nie mehr dasselbe sein wird.[2]

Nun flossen meine Tränen erst richtig, doch jetzt waren es keine Tränen des Selbstmitleids mehr, sondern Tränen der Freude und des Friedens. Gott hatte *mich* genau so gewöhnlich und durchschnittlich erschaffen, wie ich war! Er hätte mich schlauer, talentierter und hübscher machen können, wenn er gewollt hätte – doch seine liebenden Hände formten mich genau so, wie er mich haben wollte. Warum? Weil er durch meine Gewöhnlichkeit wahre Wunder wirken kann, wenn ich mich ihm anvertraue. So, wie er vor fast 2.000 Jahren mit fünf Broten und zwei kleinen Fischen Tausende hungriger Menschen satt machte. Aus wenig kann so viel werden, wenn wir es seinen Händen anvertrauen.

An jenem Tag bot ich Gott alles an, was ich bin, und alles, was ich nicht bin. Ich sagte: „Gott, ich bin das Gejammer darüber, dass ich nur durchschnittlich bin, so leid. Vergib mir, dass ich dir unterstellt habe, dir müsse bei meiner Erschaffung ein Fehler unterlaufen sein. Von jetzt an will ich deine Entscheidung, mich durchschnittlich zu machen, fröhlich akzeptieren. Ich *ergebe* mich dir ganz und gar. Gebrauche mich, wann, wo und wie es dir gefällt. Hier ist mein Mittagessen – willst du es auf wunderbare Weise vermehren?" Jenes schlichte, aber ehrliche Gebet der Hingabe war die riskanteste Entscheidung, die ich je getroffen hatte.

In den vergangenen 20 Jahren hatte ich zahllose Gelegenheiten, mein Versprechen einzuhalten und mich so anzunehmen, wie ich war und wie Gott mich gemacht hatte. Gott hat meine Gewöhnlichkeit angenommen und das Bescheidene, was ich zu bieten habe, immer wieder vermehrt. Als ich aufhörte, die Vergleiche mit Rick zu fürchten, entdeckte ich, dass ich die Gabe des Lehrens besitze, und dann habe ich viele Jahre daran gearbeitet, sie auszubauen. Ich war völlig zufrieden mit meinem Plan, in Zukunft als Referentin in der Weltgeschichte herumzureisen. Doch an jenem folgenschweren Tag, als ich einen Zeitungsartikel über HIV/Aids in Afrika las, durchkreuzte Gott meine Pläne und ließ mir keine Ruhe mehr.

Vorbilder in Sachen Hingabe

Während ich lernte, mich Gott immer vorbehaltloser auszuliefern, profitierte ich viel von Vorbildern – von Menschen, die mir vormachen, was es heißt, sich Gott ganz hinzugeben. Maria, die Mutter Jesu, wurde für mich zu einem solchen Vorbild. Maria verkörpert mehr als jede andere Person in der Bibel, was es heißt, sich Gott ganz zu unterstellen. Sie war eine Frau aus Fleisch und Blut, die den erstaunlichen Beschluss fasste, sich Gott ganz zur Verfügung zu stellen. Und sie sollte im Laufe ihres Lebens viele Gelegenheiten haben, dieses Versprechen einzuhalten. Würde sie Gott *wirklich* vertrauen? Würde sie ihm genug vertrauen, um Ja zu sagen, ohne zu wissen, wohin diese Entscheidung sie führen würde?

Äußerlich betrachtet hatte Maria nichts vorzuweisen, was sie für einen Eintrag in irgendeine Auflistung der „bewundernswertesten Frauen" qualifiziert hätte, geschweige denn dafür, den Sohn Gottes zur Welt zu bringen. Sie war jung, arm und vermutlich ungebildet; und doch ehrte Gott sie mit einer Verantwortung, die die meisten von uns scheuen würden. Sie hätte lang und breit mit dem Engel diskutieren können, der ihr eröffnete, dass Gott sie auserwählt hatte, seinen Sohn zur Welt zu bringen. Sie hätte ihm erklären können, warum er ganz offensichtlich einen großen Fehler beging. Sie hätte ganz vernünftige Gründe anführen können, warum sie dieses „großzügige Angebot" leider ablehnen musste. Ja, sie hätte vielleicht sogar ein paar Freundinnen vorschlagen können, an die Gott sich doch stattdessen wenden könnte. Und so undenkbar es rückblickend auch sein mag: Sie hätte sich glatt weigern können. Doch ihr schwacher Protest verstummte bald. Ohne zu ahnen, was ihr Ja für sie bedeuten würde, ergab sie sich: „Ich will mich dem Herrn ganz zur Verfügung stellen [...]. Alles soll so geschehen, wie du es mir gesagt hast" (Lukas 1,38; Hfa). Das ist vorbehaltlose, riskante Hingabe!

Maria ließ zu, dass der Retter sich in ihrem Körper entwickeln und wachsen konnte. Über sie, die zuvor einen tadellosen Ruf gehabt hatte, wurde plötzlich getratscht, Gerüchte über ihr vermeintliches „Privatleben" kamen auf. Sie machte ihr Herz ganz weit auf, um ein Kind zu lieben, wie es nur eine Mutter kann. Sie sah zu, wie aus ihm ein Mann wurde, der sie verblüffte, sie verwirrte und sehr wahrscheinlich sogar verletzte, als er sich weigerte, Josefs Platz in der Zimmermannswerkstatt einzunehmen. Sie folgte ihm in den Jahren seines öffentlichen Auftretens überallhin, vermutlich einfach in dem Wunsch, in seiner Nähe zu sein. Mit zunehmender Sorge sah sie seine Beliebtheit schwinden, als er keine Anstalten machte, den irrigen Vorstellungen ihrer Landsleute vom erwarteten Messias zu entsprechen. Schließlich hörte sie, dass er verhaftet und verprügelt worden war und als Ersatz für einen verurteilten Verbrecher namens Barabbas gehandelt wurde.

Dieses Leben der Hingabe gipfelte in jenem schrecklichen Tag, als sie an seinem Kreuz stand, erschüttert vom Anblick ihres geliebten Kindes, das dort verhöhnt, blutend und gebrochen an einem Balken hing – und wieder sagte sie Ja. Es ist nirgendwo aufgezeichnet, dass sie sich in ihrer Trauer wutentbrannt gegen Gott gewandt und ihn beschuldigt hätte, sie ungerecht behandelt und hinterhältig an diesen Ort furchtbarer Qual gelockt zu haben. Sie nahm ihr Ja nicht zurück. Selbst noch ihr gebrochenes Herz gab sie dem zurück, der sie für seine Zwecke auserwählt hatte. Sie sah zu, wie ihr Sohn brutal hingerichtet und in ein Grab gelegt wurde, auferstand und dann für immer fortging – dieses Mal zurück in den Himmel. Wäre Maria denn jemals von Herzen glücklich darüber, Ja zu sagen? Oder wäre jedes Ja wie ein Messerstich ins Herz?

Aus der Apostelgeschichte erfahren wir später, dass Maria bei den 120 Jüngern war, die sich im Obergemach versteckt hielten, nachdem Jesus zum Himmel aufgefahren war, und sie war wahrscheinlich dort, als der Heilige Geist alle Gläubigen erfüllte. Da endlich fand sie Erlösung und Antworten auf ihre Fragen. Wer sich voller Vertrauen auf Gott einlässt, wird irgendwann verstehen, letztendlich wird das Bild klar. Aber Maria wartete nicht, bis ihr alles sonnenklar war, ehe sie sich Gott hingab. Sie bestand nicht darauf, dass Gottes

Wille ohne Leiden geschehen möge; sie sagte von Beginn an Ja zu ihm.

Vielleicht wenden Sie jetzt ein, dass Marias Erfahrung ja schon Geschichte ist. Und eines ist klar: Niemand wird je wieder gebeten werden, die Mutter Gottes zu werden! Man kann von ihrem Vorbild ganz unberührt bleiben, weil sie so unheimlich wenig mit unserer Erfahrungswelt zu tun zu haben scheint. Doch die Geschichten von ganz gewöhnlichen Männern und Frauen, die heute noch leben, lassen sich nicht so leicht vom Tisch wischen. In den folgenden Kapiteln möchte ich Ihnen Menschen vorstellen, die ich kennengelernt habe und die Gott aufforderte, ihm ihr Leben völlig auszuliefern. Alles fängt damit an, dass wir Gott einen Freischein ausstellen, mit unserem Leben zu machen, was er will.

Ein wichtiges Vorbild ist für mich François Fénelon. Auch von ihm kann ich lernen, wie man sich auf Gott einlässt. François Fénelon war ein hochgeachteter französischer Priester, der von König Ludwig XIV. angestellt wurde, um seinen Enkel und späteren Thronfolger zu unterrichten. Seine Schriften bringen mich immer dazu, die Tiefe meiner eigenen Hingabe an Jesus Christus zu hinterfragen. Nehmen Sie zum Beispiel den folgenden Auszug:

„Gott unter gewissen Umständen dienen zu wollen, aber nicht unter anderen, bedeutet, ihm nach eigenem Ermessen zu dienen. Doch sich Gott ohne Wenn und Aber zu unterwerfen bedeutet, dem eigenen Ich wahrhaft zu sterben. Das ist wahre Anbetung. Öffnen Sie sich maßlos für Gott. Lassen Sie sein Leben wie einen reißenden Strom durch Sie hindurchfließen. Fürchten Sie sich vor nichts auf dem Weg, den Sie gehen. Gott wird Sie bei der Hand führen. Lassen Sie Ihre Liebe zu ihm die Angst austreiben, die Sie um sich selber haben."[3]

Das Leben von Carolyn und Dave McClendon war ruhig geworden. Ihre Kinder waren erwachsen und beide waren schon in Rente. Dann hörten sie einen meiner Vorträge über HIV/Aids und Gottes Erbarmen mit den Kranken. Das Gehörte sprach sie so sehr an, dass sie einen unserer Schnuppernachmittage für Leute besuchten, die Interesse daran haben, sich ehrenamtlich in einer örtlichen Aidsklinik zu engagieren. Ihre Antwort war ein „Ja, Herr, wir werden tun, was wir können".

Aus den anfänglich wenigen Stunden in der Woche, in denen sie HIV-positive Patienten zum Arzt fuhren, wurde Mitarbeit bei der „Tafel", wofür sie wiederum auch Freunde, Nachbarn und Hauskreismitglieder gewannen. Im Laufe der Monate wurden die Männer und Frauen, die zur Betreuung in die Klinik kamen, immer mehr Teil ihres Lebens, und schon bald lernten sie eine kranke Frau aus Kambodscha sowie deren kleine Tochter kennen und freundeten sich mit den beiden an. Zu ihrer Überraschung fragte die Mutter Dave und Carolyn, ob sie die Vormundschaft für ihre Tochter übernehmen würden, wenn sie stürbe. Wie hätten sie diese Anfrage ablehnen können? Wie hätten sie dieser Mutter in die Augen sehen und ihr sagen können, dass sie sich nicht um ihr geliebtes kleines Mädchen kümmern würden? Sie sagten Ja.

Und so sind Dave und Carolyn nun Vormund eines elfjährigen Mädchens. Das Kind verbringt einige Tage und Nächte pro Woche bei ihnen zu Hause. Als Vormund haben die McClendons eine große Verantwortung und viele Vorrechte: Sie helfen dem Mädchen bei den Hausaufgaben, bringen ihr Fahrradfahren bei, machen mit ihr Ausflüge in den Zoo und nach *Disneyland*, nehmen sie mit zur Gemeinde und erzählen ihr von Gottes Liebe, übernehmen aber auch so alltägliche Pflichten wie Arztbesuche. Mutter und Tochter gehören nun fest zu der Familie von Dave und Carolyn. Die beiden haben Gott gesagt, dass sie bereit seien, alles zu tun, was er von ihnen verlange, dass sie sich ohne Wenn und Aber auf ihn einlassen würden – und Gott hat sie beim Wort genommen.

Was löst die Geschichte der McClendons bei Ihnen aus? Fühlen Sie sich inspiriert oder ist Ihnen eher unbehaglich zumute? Wenn diese Geschichte (oder was Sie bislang gelesen haben) Sie nervös macht, dann sind Sie vielleicht versucht, beim Lesen des restlichen Buches nur durch die Fingerritzen hindurchzulinsen. Sie scheuen sich davor, das Buch zu lesen, können es aber einfach nicht weglegen. Ich würde Ihnen ja gerne Ihr Unbehagen nehmen und Ihnen versichern, dass alles gut werden wird. Dass der Ihnen zugedachte Weg kaum Unebenheiten oder Schlaglöcher haben wird. Dass die Milliarden Menschen auf der Welt, die heute leiden, schon bald genug zu essen, sauberes Trinkwasser und eine gute medizinische Versorgung haben werden. Ich würde gerne sagen, dass dieses erste Kapitel das schwerste ist und es von nun an einfacher wird. Doch das kann ich nicht.

Gott möchte Sie zum Wohle seiner Welt *zutiefst erschüttern*. Er sucht nach Männern und Frauen aus jedem Volk und jedem Stamm, die sich selbst um seinetwillen rigoros aufgeben und sich seinem Willen unterstellen. Das Sofortbild mag zurzeit nicht scharf und klar sein und Sie fragen sich vielleicht: „Was wird in meinem Fall eine so gefährlich rückhaltlose Hingabe bedeuten?" Vielleicht haben Sie aber auch schon den Plan für Ihr Leben fix und fertig in der Schublade liegen, so wie Rick und ich das hatten. Die Frage, die Sie sich dann stellen müssen, lautet: „Ist das Gottes Plan für mein Leben?" In beiden Fällen geht es für Sie zunächst einmal darum, Ja zu Gott zu sagen – ganz gleich, ob Sie absehen können, wohin dieses Ja Sie führen wird, oder nicht.

Ich möchte Sie herausfordern zu sagen: „Ich weiß zwar nicht genau, wie die Frage lautet, Gott, aber meine Antwort lautet ja!"

Hingabe

Werden Sie Ja zu Gott sagen, obwohl Sie nicht absehen können, welche Folgen es für Sie haben wird?

Gebet

Vater, es schmerzt dich, jeden Tag all dies Leid mitanzusehen. Nichts entgeht deiner Aufmerksamkeit, aber mir entgeht, ehrlich gesagt, sehr viel. Vergib mir meine Selbstgefälligkeit, meine Bequemlichkeit und Ignoranz. Hilf mir, die Welt mit deinen Augen zu sehen. Ich fürchte mich davor, mich ganz auf dich einzulassen. Ich bin mir nicht sicher, ob ich dir das, was mir auf dieser Welt das Liebste ist, wirklich anvertrauen kann. Aber ich möchte dich kennenlernen. Ich möchte lieben wie du und Schmerz empfinden wie du. Ich will mich auf das Abenteuer einlassen, alles für dich zu riskieren. Deshalb sage ich jetzt Ja zu dir, egal, was das für mich bedeuten wird.

Praktische Schritte

❶ Fangen Sie an, jeden Tag dafür zu beten, dass Gott Ihnen die Augen für neue Wahrheiten über Sie selbst und diese Welt öffnet.

❷ Bitten Sie einen Freund oder eine Freundin, dieses Buch gemeinsam mit Ihnen zu lesen. Es wird Ihnen viel mehr bringen, wenn Sie kapitelweise mit einem Lesepartner darüber sprechen.

Kapitel 2

Das Königreich des Ich

„Wer sich an sein Leben klammert, der wird es verlieren. Wer aber sein Leben für mich einsetzt, der wird es für immer gewinnen" (Lukas 9,24; Hfa).

„Liebe ist der Weg zur Reife. Selbstsucht verhindert Wachstum und belässt uns in einem geistlichen Laufstall" (Elisabeth Elliot: *A Lamp Unto My Feet*).

Als ich etwa sechs Jahre alt war, brachte mir mein Vater von einer Geschäftsreise eine Schallplatte von „Cinderella" mit, der Aschenputtel-Fassung von Walt Disney. Diese Schallplatte avancierte schon bald zu meinem kostbarsten Besitz, da ich in meiner Fantasie die Rolle des wunderschönen Dienstmädchens spielte, das Königin wird. Ich weiß noch genau, wie ich meine kleinen Freundinnen auf dem Sofa Platz nehmen ließ, damit sie mir zusahen, wie ich tanzte und mich zur Musik von „Ein Traum ist ein Wunsch deines Herzens" drehte. Sie haben richtig gelesen. Ich sagte: „damit sie mir zusahen"! Es war ihnen nämlich nicht gestattet mitzumachen! Ich sang, ich tanzte, ich drehte mich und ich verbeugte mich – es drehte sich alles um mich. Vergesst den schönen Prinzen und Cinderella – willkommen in Kay-Land.

Und seither hat sich gar nicht so viel verändert.

Wie so viele Erwachsene verwende auch ich einen Großteil meiner Zeit, meiner Energie und meines Geldes darauf,
mein kleines privates Königreich zu beherrschen, zu beschützen, zu verschönern und zu verteidigen. Wie ein allmächtiger
Herrscher in einer mythischen Geschichte kann ich in meinem Königreich Ich alles sein: der allmächtige Machthaber,
die höchste Autorität, der eiserne Diktator und der Hoch-
erhobene. Natürlich würde ich das nie laut sagen und wäre
empört, wenn irgendjemand auch nur andeutete, dass ich so
ticke. Aber genau das ist der Kampf, den ich jeden Tag aus-
fechte. Und Sie auch. Zu meinen schlimmsten Zeiten herr-
sche ich mit eiserner Hand über mein Reich und verteidige
grimmig mein Territorium, meine Besitztümer, meinen Ruf,
meine Rolle, meine Würde und meine königlichen Rechte.
Ich habe alles im Griff. Wie Gary Thomas treffend beobachtet hat: „Das größte Hindernis für unsere Hingabe sind nicht
unsere Gelüste und launischen Wünsche, sondern die Sucht,
unser Leben selbst zu bestimmen."[4]

In diesem Reich ist kein Platz für jemanden, der nicht nach
meiner Pfeife tanzt und nicht meine Meinung teilt, dass sich
alles um mich drehen muss. Wenn andere mich so behandeln,
wie ich es meines Erachtens verdient habe, dann ist alles gut –
wir verstehen uns prima. Wenn andere einsehen, dass es *richtig*
ist, mir und meinen Bedürfnissen zu dienen, dann herrschen
Harmonie und Friede. Doch wehe dem unglückseligen Familienmitglied, dem Freund, dem Bekannten oder dem Fremden,
der mich nicht angemessen würdigt; dann rollen Köpfe. Ich
kann hundertprozentig nachvollziehen, was Fénelon schreibt:
„Die Selbstverliebtheit ist schrecklich empfindlich. Bei der
kleinsten Beleidigung schreit sie Zeter und Mordio."[5]

Und ich will nicht nur alles um mich herum völlig unter Kontrolle haben – es gibt nichts, das ich so sehr liebe wie

mich selbst. Ich bin ganz schrecklich in mich verliebt. Wenn ich ehrlich bin, muss ich zugeben, dass sich die Welt oft um mich drehen soll: um meinen Trost, mein Vergnügen, meine Bequemlichkeit. Ich wünsche mir, dass die anderen alles durch *meine* Augen sehen und beurteilen, dass sie *mich* glücklich machen, *meine* Bedürfnisse befriedigen und mich *auf keinen Fall* beleidigen, verletzen, verärgern oder provozieren. Ich möchte verstanden, gewürdigt, anerkannt, erhöht, gepriesen, wertgeschätzt, bedient, versorgt, respektiert, bewundert, angenommen, gehört, geliebt, verehrt und verhätschelt werden.

Tag für Tag kümmere ich mich hauptsächlich um mich selbst. Und selbst wenn ich mich gerade mal um andere kümmere, läuft der innere Zähler, weil ich mir im Stillen notiere, wie viele Stunden ich investiert, wie viel Kraft ich darauf verwendet und wie viele Opfer ich gebracht habe. Ich freue mich diebisch, wenn ich zwei (oder mehr) Fliegen mit einer Klappe schlagen kann, indem ich etwas für jemand anderen tue (was mich gut dastehen lässt) und dabei gleichzeitig etwas für mich herausspringt. Und am Ende des Tages rechne ich zusammen, ob die anderen auch ja so viel für mich getan haben wie ich für sie. Ist das nicht der Fall, bin ich verletzt, enttäuscht, frustriert, beleidigt, fordernd und wütend. Manchmal kündige ich Beziehungen auf, weil ich, gemäß meinem inneren Punktekonto, mehr investiere als zurückbekomme.

Die anderen im Blick? Selten. Die Kontrolle jemand anderem überlassen? Niemals.

Die Schlüssel des Königreichs aushändigen

Nachdem Gott mich aufgerüttelt und mir die Augenbinde abgerissen hatte, konnte ich erkennen, dass ich mein Leben in gewisser Weise neu ordnen musste. Wenn ich anfangen wollte, mich um die zu kümmern, die mit HIV infiziert oder auf irgendeine Weise von der Krankheit in Mitleidenschaft gezogen waren, würde sich manches ändern müssen. Die Sache war nur, dass mir mein Leben eigentlich ganz gut gefiel. Es war bequem, sicher, vorhersehbar und dabei trotzdem nie langweilig – und dazu kam noch, dass ich genügend eigene Probleme hatte.

Obwohl ich mich im ersten Überschwang gleich Hals über Kopf in die Sache stürzen wollte, fielen mir nach und nach immer mehr Gründe ein, warum ich mich besser nicht zu sehr engagieren sollte. Hatte ich nicht schon so genug zu tun? War mein Leben nicht hektisch genug? War es nicht schon eine ganz schöne Herausforderung, mein Leben mit dem meines Energiebündels von einem Ehemann abzustimmen? Hatte ich nicht jede Menge Beziehungen zu managen und zu pflegen? Füllte das Projekt „Saddleback" meinen Terminkalender nicht schon genug aus? Und was war, wenn ich krank wurde? Was war, wenn ich mich mit dem HI-Virus infizierte, an Aids erkrankte und starb? Ich wollte nicht von kranken Leuten umgeben sein – das zieht einen immer so runter!

Ich machte mir auch Sorgen um meinen Ruf. Da ich irrtümlicherweise glaubte, alle HIV-Infizierten seien homosexuell, hatte ich Angst vor den kritischen Stimmen, wenn ich mich für Menschen mit HIV einsetzte. Die Menschen würden glauben, ich hätte meine Haltung zu dieser Form der Sexualität geändert. Als ich mich mit dem Thema „Hingabe" zu beschäftigen begann, war mir nicht klar, dass es nichts an der Reaktion geändert hätte, die Gott sich von mir wünschte, selbst wenn alle HIV-Infizierten tatsächlich schwul wären (was nicht stimmt; die Mehrheit der weltweit Infizierten sind Frauen). Damals verstand ich noch nicht, dass es keine Sünde ist, krank zu sein. Ich war lediglich auf meinen guten Ruf bedacht. Einen guten Ruf erwirbt man nicht mal eben so, und

Rick und ich hatten 22 Jahre lang sorgfältig darauf geachtet, alles zu vermeiden, was unserem Ruf und dem Ruf der Gemeinde schaden könnte. Heute, Jahre später, vertrete ich eine völlig andere Einstellung. Heute bin ich froh, den Ruf zu haben, dass ich mich um Menschen kümmere, die von vielen abgelehnt werden. Doch damals geriet ich angesichts der Sorge um meinen Ruf in eine echte Krise.

Außerdem war das Problem selbst einfach zu groß. Warum sollte ausgerechnet ich plötzlich beschließen, dass ich das Zeug dazu hatte, die größte humanitäre Krise aller Zeiten anzugehen?

Vielleicht können Sie meine widerstrebenden Überlegungen ja nachvollziehen. Stellen Sie sich dieselben Fragen? Dann könnte es für Sie zu einem Aha-Erlebnis werden, wenn Sie einmal alle Gründe aufschreiben, aus denen Sie sich nicht zu sehr auf leidende Menschen einlassen möchten. Und denken Sie nicht nur an Menschen mit HIV, sondern an alle Notleidenden. Wenn Sie Ihre Liste fertiggestellt haben, werden Sie vermutlich dieselbe hässliche Wahrheit entdecken, die ich entdeckt habe: Was Sie daran hindert, sich Gottes Plan anzuschließen und sich auf leidende Menschen einzulassen, ist schlicht die Tatsache, dass Sie sich selbst der Nächste sind.

Was kann diese unglaublich dicken Mauern der Ichbezogenheit durchbrechen? Wer oder was kann Ihre Sichtweise so verändern, dass Sie nicht länger nur auf den eigenen Vorteil bedacht sind, sondern anderen sogar dienen *möchten*? Wem übergeben wir die Schlüssel zum Reich Ich? Einem Gefängnisaufseher? Einem Folterer? Einem übermächtigen Feind, der so lange auf uns einprügelt, bis wir uns ergeben? Einem Herrscher, der zerstören und vernichten möchte? Nein, wir ergeben uns einem Vater, der uns bedingungslos liebt.

Gott zieht uns nicht auf seine Seite, indem er uns so lange anbrüllt, prügelt oder aushungert, bis wir uns ergeben, sondern er bittet uns um die Erlaubnis, eintreten zu dürfen. Wir werden in die Hingabe *hineingeliebt*. Je mehr wir akzeptieren, dass er aus Liebe zu uns handelt, desto eher werden wir uns ihm anvertrauen. Fénelon drückt das sehr treffend aus: „Gott ist kein Spion, der Sie überraschen will. Er ist kein Feind, der im Dunkeln lauert, um Ihnen wehzutun. Gott ist Ihr Vater, der Sie liebt und Ihnen helfen möchte, wenn Sie nur auf seine Güte vertrauen würden."[6]

Der Apostel Paulus jubelt: „Er [Gott, der Vater] hat uns errettet von der Macht der Finsternis und hat uns versetzt in das Reich seines lieben Sohnes, in dem wir die Erlösung haben, nämlich die Vergebung der Sünden" (Kolosser 1,13–14; LÜ). Wie geschieht dies? Wie gelangen wir aus „der Macht der Finsternis" in „das Reich seines lieben Sohnes"? Wie können wir die Herrschaft über das Reich Ich an Gott abtreten?

Die Antwort ist einfach, aber nicht leicht. Wenn Sie auch nur andeutungsweise eine Ahnung von der Liebe haben, die Gott für Sie empfindet, können Sie Ihre Versuche, das Leben allein zu managen, getrost einstellen. Sie akzeptieren, dass Gott Jesus gesandt hat, um Ordnung in das Durcheinander Ihres Lebens zu bringen – um die Schuld zu begleichen, die Sie mit Ihrem Versagen auf sich geladen haben. Sie nehmen im Glauben an, dass Jesus das getan hat, wozu er laut eigener Aussage gekommen ist – um sein Leben an Ihrer statt zu geben –, und dann akzeptieren Sie sein Rettungsangebot. Sie gestatten ihm, Ihr Königreich zu betreten – Ihre Gedanken, Ihren Willen und Ihre Gefühle. Nun ist das Reich Ich ein Teil *seines* Reiches geworden, und Sie werden Jesus nach und nach erlauben, dort wirklich zu Hause zu sein. Mit der Zeit werden Sie die ruhige Gewissheit erfahren, die sich einstellt, wenn man zum Reich Gottes gehört.

In der Bibel finden wir das bestätigt: Je mehr wir die Liebe erkennen, die Jesus dazu trieb, den Preis dafür zu zahlen, dass wir in sein Reich kommen können, desto mehr fühlen wir uns bei ihm zu Hause:

"Ich bete, dass er euch aus seinem großen Reichtum die Kraft gibt, durch seinen Geist innerlich stark zu werden. Und ich bete, dass Christus durch den Glauben immer mehr in euren Herzen wohnt und ihr in der Liebe Gottes fest verwurzelt und gegründet seid. So könnt ihr mit allen Gläubigen das ganze Ausmaß seiner Liebe erkennen. Und ihr könnt auch die ganze Liebe Christi erkennen – die größer ist, als ihr je begreifen werdet –, damit der Reichtum Gottes euch immer mehr erfüllt" (Epheser 3,16–19; NL).

Mit der Zeit wird es für uns immer selbstverständlicher, dass Jesus in uns lebt, und unser geistlicher Horizont erweitert sich. Dann lassen wir ihn auch eher die notwendigen Sanierungsarbeiten in unserem Inneren durchführen, damit wir ihm ähnlicher werden können. Wir werden also immer besser darin, ihm nachzufolgen und uns ganz natürlich auf ihn einzulassen.

Sich auf Gott einlassen

Wenn wir diesem Vater die Schlüssel zum Königreich Ich übergeben, signalisiert das unsere Bereitschaft, uns auf das Leben im Reich Gottes einzulassen. Gott möchte, dass wir nicht länger nach den eingefahrenen Regeln im Königreich Ich leben – wo er uns ein Verwöhnprogramm gönnen und alle unsere Wünsche erfüllen soll –, sondern dass wir freiwillig die Kontrolle abgeben und zu Dienern Jesu in *seinem* Reich werden. Das Schlüsselwort hier ist „freiwillig". Jesus tritt nur in unser Reich ein, wenn er darum gebeten wird, und er übernimmt auch nur dann die Führung in meinem Leben, wenn ich sie freiwillig an ihn abtrete. Alle weiteren Akte der Hingabe an ihn basieren auf dieser seiner ersten Einladung, mich seinem Reich anzuschließen. Das ist kein leichter Schritt. Es geht gegen unsere Natur, die Rechte auf das Königreich Ich abzutreten, aber es führt zu einem Leben, das unsere kühnsten Erwartungen übertrifft. Wir werden deshalb nicht gleich alle reich, berühmt, bejubelt oder anderweitig weltlich entlohnt – das zu entscheiden, bleibt Gott überlassen –, doch jeder von uns möchte gewiss sein, dass er hier auf der Erde etwas bewegt hat. Dies kann aber nur dann geschehen, wenn wir als Diener Jesu leben und ihm freiwillig dort dienen, wohin er uns führt, sei das irgendwo weit entfernt oder nebenan.

Wir finden seine Einladung, sich ihm anzuschließen, im Markusevangelium:

„Und er rief zu sich das Volk samt seinen Jüngern und sprach zu ihnen: Wer mir nachfolgen will, der verleugne sich selbst und nehme sein Kreuz auf sich und folge mir nach. Denn wer sein Leben erhalten will, der wird's verlieren; und wer sein Leben verliert um meinetwillen und um des Evangeliums willen, der wird's erhalten. Denn was hülfe es dem Menschen, wenn er die ganze Welt gewönne und nähme an seiner Seele Schaden? Denn was kann der Mensch geben, womit er seine Seele auslöse?" (Markus 8,34–37; LÜ).

Mannomann. Das ist starker Tobak. Wie soll man das denn in die Praxis umsetzen?

Selbstverleugnung

Meine Ehe war schon immer ein Übungsfeld in Sachen Selbstverleugnung. Nicht etwa, weil Rick barsch und fordernd wäre, sondern weil zwei kleine Privatkönigreiche nicht friedlich unter einem Dach existieren können. Schon ganz zu Anfang fiel uns auf, dass nahezu jeder Streit zwischen uns auf Selbstsucht zurückzuführen war. Das Ganze ging so weit, dass wir auf unserer Hochzeitsreise den Bibelvers auswendig lernten: „Überheblichkeit bringt nichts als Zank und Streit" (Sprüche 13,10; NL)!

Auch wenn ich es nur ungern zugebe: Meine Selbstbezogenheit führt dazu, dass ich streite, mich verschanze, Platzkämpfe austrage und Rick hässliche Dinge an den Kopf werfe. Bin ich verletzt oder wütend, gehe ich schnell dazu über, ihm mit sarkastischen Bemerkungen gezielt einen Schlag zu versetzen. In solchen Augenblicken bin ich nicht unbedingt daran interessiert, das Richtige zu tun.

Es ist unglaublich schwierig, mich selbst und das, was ich will, zu verleugnen. Wenn die Wogen immer höher schlagen, kann ich natürlich oft nicht erkennen, warum ich mich so verhalte, wie ich mich verhalte, doch wenn ich einen Schritt zurücktrete und mein Verhalten in Ruhe analysiere, stelle ich nicht selten fest, dass ich wieder einmal dabei war, mein Königreich zu befestigen und zu verteidigen. Nach 30 Jahren Ehe ist mir bewusst, dass ich eine Unmenge an emotionaler Energie auf nichtige Streitigkeiten verschwendet habe. In der Hitze des Gefechts kommt es einem ungeheuer wichtig vor, welcher Badezusatz denn nun wirklich verwendet werden soll, doch auf mein gesamtes Leben mit Rick gesehen, lohnt es sich sicher nicht, darüber zu streiten.

Langsam, aber sicher lernen wir, die Rechthaberei um der Liebe willen an den Nagel zu hängen. In dem Kinofilm „Die

Braut des Prinzen" fügt sich der Stalljunge, der im Dienst einer jungen Frau steht, jedem ihrer Wünsche mit einem „Wie Ihr wünscht". Ja, als sie sich schließlich nach einer langen Trennung wiederbegegnen, sind es gerade diese Worte, an denen sie ihn wiedererkennt. Ich übe diesen simplen Satz ebenfalls ein. Ich spreche ihn zwar nicht immer laut aus, aber ich bin Rick von Herzen zugewandt und kann dadurch seine Interessen vor die meinen stellen.

„Du willst die Autoklimaanlage mitten im Winter anstellen? Wie du wünschst."

„Du möchtest diese langweilige Fernsehsendung sehen? Wie du wünschst."

„Du möchtest den Familienurlaub verschieben? Wie du wünschst."

Bitte verstehen Sie mich nicht falsch. Ich will damit nicht sagen, dass in einer Ehe nur die Frau ihre Wünsche und Bedürfnisse zurückstellen müsse. Ganz und gar nicht! Die Bibel macht klipp und klar deutlich, dass Eheleute sich in einer auf Gegenseitigkeit beruhenden Beziehung Ehrerbietung und Respekt erweisen sollen (nachzulesen in Epheser 5,21). Ich rede hier von meinem ganz persönlichen Weg und davon, wie ich lerne, innezuhalten und zu überlegen, ob ich mein Bedürfnis nach eigenen Annehmlichkeiten nicht stattdessen aus Liebe zu Jesus opfern kann. Kann ich mich selbst verleugnen? Kann ich mir etwas versagen?

Gelingt mir das jedes Mal? Denkste! Wenn wir die Wünsche und Bedürfnisse des anderen höher achten als die eigenen, muss unser eigenes Selbst einen langsamen Tod sterben. Doch das ist erst der Beginn, wenn man lernen will, ein Nachfolger Jesu zu sein. Der erste Teil der Einladung Jesu – „Verleugne dich selbst" – ist das Herzstück von vorbehaltloser Hingabe.

Täglich das Kreuz auf sich nehmen

Der zweite Teil von Jesu Gebot, das uns der Evangelist Markus im 8. Kapitel überliefert, ist weniger einfach zu definieren. Zur Zeit Jesu trug man dann ein Kreuz, wenn man dazu verurteilt war, daran zu sterben. Wie nehmen wir denn dann „unser Kreuz" auf uns? Diese Vorstellung hat etwas Mystisches, Supergeistliches. Manche haben dieses Gebot wörtlich genommen. Sie haben sich ein Holzkreuz auf den Rücken geschnallt und es in einem Umzug oder bei einem Volksfest herumgetragen. Andere geißeln sich mit einer neunschwänzigen Katze oder einer Peitsche, um zu zeigen, dass sie „das Kreuz auf sich genommen haben". Manche sind sogar so weit gegangen, sich in einer abgewandelten Form kreuzigen zu lassen, um sich mit Jesus zu identifizieren.

Doch Ihr „Kreuz" ist kein Kreuz im wörtlichen Sinne. Es ist vielmehr eine Haltung des radikalen Gehorsams gegenüber Gott, die Bereitschaft, alles anzunehmen, was um Jesu willen auf uns zukommen mag. Während es bei der Selbstverleugnung hauptsächlich darum geht, zu sich selbst Nein zu sagen, geht es beim Tragen des Kreuzes darum, Ja zu sagen: „Ja, Gott, ich werde tun, was immer du von mir verlangst – was immer, wann immer." Es geht darum, zu akzeptieren, dass Gottes Weg in jeder Situation der beste ist, und zu beschließen, ihm mehr als jeder anderen Autorität zu gehorchen, ungeachtet dessen, was wir dabei empfinden mögen. Dieses allmähliche „Absterben" der Selbstbestimmtheit und der Selbstbezogenheit fällt niemandem von uns einfach so in den Schoß. Wir müssen es jahrelang einüben und es betrifft die großen wie die kleinen Dinge im Leben.

Gott gibt uns im Alltag immer wieder Gelegenheiten, unser „Kreuz" auf uns zu nehmen und das eigene Ich sterben zu lassen. Zwar sind die alltäglichen Gegebenheiten an sich keine

Kreuze, doch an der Art und Weise, wie wir sie bewältigen, zeigt sich unsere wahre Einstellung. Wenn wir beispielsweise auf körperliche Heilung warten, die nicht eintritt; wenn wir jahrelang mit einem geliebten Menschen leben, der psychisch krank ist; wenn wir miterleben müssen, wie ein Kind stirbt; wenn wir auf ein Kind hoffen, aber keines bekommen; wenn wir von einer Karriere träumen, die nie in Gang kommt; wenn wir uns für eine Beziehung eine Vertrautheit wünschen, die in dieser Intensität nie ganz erreicht wird; wenn wir finanziell nur mit Mühe über die Runden kommen; wenn wir uns nach Freundschaften sehnen, die nie enttäuschen; wenn wir aus der Gesellschaft ausgeschlossen sind, weil wir krank sind – all dies sind Gelegenheiten zu beweisen, ob wir Gott gehorsam sein werden oder nicht.

Eine mögliche Einstellung ist die „Verfluche [Gott] doch und stirb!"-Haltung von Hiobs Frau (Hiob 2,9; GN), eine andere ist die von Hiob: „Der Herr hat gegeben und der Herr hat genommen. Ich will ihn preisen, was immer er tut!" (Hiob 1,21; GN). Wir können beschließen, Gott nicht länger zu dienen, wenn er den Schmerz nicht wegnimmt. Wir können schlussfolgern, dass er unsere Sehnsucht nach einer erfüllenden Ehe nicht versteht, unser Gelöbnis widerrufen und uns nach jemand anderem umschauen. Wir können argumentieren, dass er doch eigentlich keine Ahnung hat, wovon er redet, wenn er sagt, dass wir nur mit unserem Ehepartner Sex haben sollen, und dann seine Maßstäbe über Bord werfen.

Oder wir können beschließen, auf ihn zu hören, ihn zu ehren, seine Gebote zu achten und ihm zu gehorchen, koste es, was es wolle, wie schwer uns das „Sterben" auch fallen mag. Auf diese Weise werden wir zu geistlich reifen Menschen. Wenn wir keine Gelegenheit haben, jeden Tag zu „sterben", bleiben wir geistliche Kleinkinder. Wenn wir nicht vor die Wahl gestellt sind, ob wir uns selbst oder Jesus an die erste Stelle setzen, werden wir ihm charakterlich nie ähnlich werden. Er entschied sich für den Willen des Vaters, nicht den eigenen, immer und immer wieder, und wurde so zu unserem Vorbild in Sachen vorbehaltloser Hingabe. Erst seine rückhaltlose Hingabe ermöglichte es ihm, sein Kreuz auf sich zu nehmen.

Ich habe Ihnen bereits von dem Tag erzählt, als ich endlich begriff, dass Gott mich genauso gewöhnlich haben wollte, wie ich war, und als ich anfing, ihn für seine souveränen Absichten zu loben. Dadurch veränderte sich meine Sichtweise von Gott, von mir und meinem Platz in dieser Welt und von Rick. Ich begann zu erwarten, dass Gott mich eines Tages auf besondere Weise gebrauchen würde. Ich fing an, auf den Augenblick zu warten, an dem ich an der Reihe wäre, positiv in Erscheinung zu treten.

Aus Tagen wurden Monate, aus Monaten Jahre.

Rick wurde zu einer bekannten christlichen Führungspersönlichkeit, als unsere Gemeinde geradezu explosionsartig wuchs. Verlage wollten seine Bücher veröffentlichen. Man lud ihn am laufenden Band ein, Vorträge zu halten. Zeitschriften und Radiosender drängten sich um Interviews. Jeder Tag schien ihm neue Anerkennung und Auszeichnungen zu bescheren. Er war gefragt.

Während er das Rampenlicht genoss, verkümmerte ich am Bühnenrand. Nicht nur bekam er alle Aufmerksamkeit, sondern aufgrund unserer speziellen familiären Situation schien es auch immer unwahrscheinlicher, dass Gott mich je gebrauchen könnte. Eines unserer Kinder hatte nämlich schwere Stoffwechselstörungen und brauchte besonders intensive Betreuung. Nach und nach stellte ich fast meine gesamte Gemeindemitarbeit ein, um für unser Kind da zu sein. Rick und ich teilten uns zwar die Betreuung, doch er konnte trotzdem weiterhin uneingeschränkt in der Gemeinde aktiv sein, während meine Welt zusammenschrumpfte. Ich war wirklich gerne Hausfrau und Mutter, aber andererseits hatte ich mir nach meinem Entschluss zur Hingabe mehr erhofft.

Dann bekam Ricks Vater Krebs und war, da seine Frau bereits verstorben war, auf seine Kinder angewiesen. Ricks Bruder Jim sowie seine Schwester Chaundel und ihr Mann Tom teilten sich mit uns die Verantwortung, Ricks Vater in seinen letzten Lebensjahren zu begleiten. Er musste mehrmals zur Behandlung ins Krankenhaus und operiert werden und brauchte schließlich rund um die Uhr Betreuung. Die Familie hatte für mich immer Vorrang, also stellte sich mir gar nicht die Frage, wie ich meine Zeit einteilen sollte. Dennoch hatte ich nach und nach immer mehr das Gefühl, aufs Abstellgleis geschoben worden zu sein. Rick ermutigte mich zwar pausenlos und tat sein Bestes, um Gelegenheiten zu schaffen, in denen ich meine Gaben einsetzen konnte, doch meine Lebensumstände ließen einfach kaum noch zu, dass ich mich in irgendeiner Weise anderswo engagierte.

Ich begann, neidisch auf meinen Mann zu werden. Und dabei handelte es sich nicht um kurzlebige Eifersüchteleien, die ebenso schnell verfliegen, wie sie kommen, sondern um tiefsitzenden Neid, der in mir zu gären begann. Ich weiß noch, wie ich eines Abends auf dem Sofa saß und ins Leere starrte. Rick hatte mir gerade begeistert von *einer weiteren* Zeitschrift erzählt, die ihn um einen Artikel gebeten hatte, doch anstatt mich für ihn zu freuen, war mein Herz erkaltet. „Wann bin ich an der Reihe, Gott? Habe ich denn nichts zu sagen, was hörenswert wäre? Wird sich überhaupt mal jemand für *meine* Ideen interessieren?" Und da fiel es mir wie Schuppen von den Augen: Ich war auf meinen Ehemann neidisch. Ich stand nicht voll hinter Rick, sondern sah in ihm einen Konkurrenten. Ich freute mich nicht länger über seine Siege und Erfolge, sondern ärgerte mich über deren Ausbleiben in meinem Leben. Es ist schmerzlich und beschämend, meine Schuld zuzugeben, aber es ist die Wahrheit. Das Königreich Ich zeigte sich von seiner schlimmsten Seite.

Ehrlich gesagt machte mir das Angst. Ich *wollte* nicht verbittert und neidisch auf Rick sein; das machte uns zu Fremden. Nachdem er an jenem Abend zu Bett gegangen war, machte ich eine Bestandsaufnahme meiner misslichen Lage und war entsetzt über all die Abgründe, die ich da in meiner Seele entdeckte. In jener Nacht schrieb ich stundenlang Tagebuch und unternahm einen weiteren Schritt, mich auf Gott einzulassen, als ich das folgende Gebet sprach:

„Gott, wenn du möchtest, dass ich im Hintergrund bleibe, während Rick im Vordergrund steht, dann soll es so sein. Wenn nur er bekannt werden und Beachtung finden soll und ich nicht, dann soll es mir recht sein. Wenn ich dir am besten damit dienen kann, dass ich unser Zuhause zu einem Hort der Zuflucht mache, damit mein Mann dir noch besser dienen kann, dann werde ich das tun. Wenn du es mir nicht zugedacht hast, eine bekannte Referentin oder Autorin zu sein, und ich stattdessen unsere Kinder in der Liebe zu dir erziehen soll, damit sie dir einmal dienen und in ihrem Leben vielleicht noch mehr bewirken als ich oder Rick – dann möchte ich das tun. Mir ist es jetzt egal. Wenn dir dienen und mein Kreuz auf mich nehmen in meinem Fall heißt, dass ich auf unbestimmte Zeit oder sogar für immer aufs Nebengleis geschoben werde, dann soll es so sein.“

In Gebeten der Hingabe steckt eine Kraft, die den Verlauf unseres Lebens gründlich verändern kann. Zweifellos wäre es mit meiner Ehe bergab gegangen, hätte ich nicht beschlossen, mich zu ergeben – und das Kreuz der Selbstverleugnung auf mich zu nehmen. Ich wäre Rick gegenüber immer verbitterter und ablehnender geworden, was zu Reibereien und Konflikten geführt hätte. Ich hätte in ihm einen Feind gesehen, dessen Stellung es zu untergraben galt, und keinen Partner, der meine Unterstützung brauchte. Auch mein geistliches Leben mit Jesus hätte gelitten, wenn ich ihn wütend beschuldigt hätte, mich zu vernachlässigen. Doch als ich zu Gott sagte: „Wie du wünschst", und jeden Tag das Kreuz auf mich nahm, mir das Streben nach einem eigenen Dienst zu versagen, bekam ich innere Gelassenheit und Klarheit. Plötzlich brauchte ich mich nicht länger mit Rick zu vergleichen. Ich konnte mich von Herzen über die Möglichkeiten freuen, die sich ihm boten, und seine Aufregung teilen. Ich zerbrach mir nicht länger den Kopf darüber, was mit mir geschehen würde. Alle Gaben, die ich besaß, hatte Gott mir gegeben, und wenn er sie auf andere Weise gebrauchen wollte, als mir lieb war, dann war das seine Entscheidung. Endlich hatte ich Frieden.

Wenn wir unser Leben Gott wirklich anvertrauen, finden wir dadurch *immer* Frieden. Das Schwerste, das Gott uns abverlangt, ist, seinen Willen für unser Leben zu akzeptieren, denn dazu müssen wir unsere eigenen Wünsche und Ziele verleugnen. Wenn wir aber vergessen, dass wir einem *liebenden Gott* die Schlüssel zum Königreich Ich übergeben, werden wir lange und unerbittlich gegen ihn ankämpfen. Das Schöne ist, dass seine Arme uns dennoch umfangen und dass wir, solange wir wollen, wütend mit den Fäusten gegen seine Brust trommeln können. Fénelon schreibt dazu:

„Gott bereitet ein Kreuz für Sie vor, das Sie annehmen müssen, ohne einen Gedanken an Selbsterhaltung zu verschwenden. Das Kreuz ist schmerzhaft. Doch wenn Sie das Kreuz annehmen, werden Sie selbst inmitten des Tumultes Frieden finden. Ich möchte Sie aber warnen: Wenn Sie das Kreuz wegstoßen, werden die Umstände doppelt so schwer zu ertragen sein. Auf die Dauer ist es schmerzhafter, sich dem Kreuz zu widersetzen, als mit ihm zu leben."[7]

Jesus nachfolgen

Nachdem Jesus uns aufgefordert hat, uns selbst zu verleugnen und täglich das Kreuz auf uns zu nehmen, lädt er uns ein, ihm zu folgen.

In meinem Fall fing das noch nicht entwickelte Foto an, etwas mehr Kontur zu gewinnen. Während ich mich über HIV/Aids informierte, wurde mir klar, dass Gott mich zum Anwalt derer machen wollte, die HIV-positiv sind oder bei denen die Krankheit bereits ausgebrochen ist. Ich sollte das Sprachrohr dieser Menschen sein.

Ich konnte nicht erkennen, was hinter der nächsten Kurve kam. Ich sah nicht, wohin der Weg führen, auf welche Hindernisse ich unterwegs stoßen und was es mich kosten würde, Jesus nachzufolgen. Ich hatte im Vertrauen auf Jesus Ja gesagt, ohne wirklich zu wissen, was das für mich bedeuten würde. Wie Indiana Jones in dem Spielfilm „Indiana Jones und der letzte Kreuzzug" war ich über den Rand der Klippe getreten, doch anstatt in den bodenlosen Abgrund zu stürzen, durfte ich feststellen, dass es da etwas gab, das mich trug. Ich musste darauf vertrauen, dass ich – wenngleich ich nicht sehen konnte, wohin mich die Glaubensschritte führen würden – einen festen Halt hatte, der mich nicht abstürzen lassen würde. Genau das bedeutet es, Jesus nachzufolgen – dass ich Ja sage und darauf vertraue, dass er mich nicht fallen lassen wird, auch wenn ich nicht genau erkenne, wohin er mich führt.

Ich hatte vor einigen Jahren schon einmal eine einschneidende Erfahrung mit Gott gemacht, was mir den Weg geebnet hatte, mein Vertrauen auf ihn zu setzen. In den ersten 13 Jahren besaß unsere Gemeinde kein eigenes Versammlungshaus. Wir trafen uns zum Gottesdienst in Turnhallen und für Veranstaltungen unter der Woche in Bankgebäuden, Privathäusern und Kulturzentren. Jedes Wochenende karrten wir ganze

Anhängerladungen an Ausrüstung für die Kinderbetreuung und die Tonanlage zur Turnhalle der Schule, wo ehrenamtliche Helfer alles aufbauten und Stunden später wieder abbauten. Jedes Spielzeug, jedes Bettchen, jeder Schaukelstuhl, jeder Wickeltisch, jede Bastelarbeit, jedes Mikrofon, jeder Lautsprecher, jeder Notenständer, jedes Keyboard, jede Kaffeekanne, jedes Namensschildchen und jeder Bleistift mussten in einen Anhänger verladen werden – und diese Prozedur wiederholte sich jedes Wochenende, 13 Jahre lang.

In Südkalifornien sind die Grundstückspreise astronomisch hoch, und wir hatten einfach nicht genügend finanzielle Mittel, um für unsere aufblühende Gemeinde etwas Eigenes zu erwerben. Es kam immer wieder vor, dass wir eine günstige Immobilie ausfindig gemacht hatten und unsere Gemeindeglieder baten, aufopferungsvoll zu spenden und zu beten – und dann mussten wir erleben, dass der Kauf aus unterschiedlichsten Gründen nicht zustande kam. Rick machten die vielen Verzögerungen und Enttäuschungen nicht viel aus, doch mir fiel es schwer, weiterhin zuversichtlich zu sein. Wir waren fest davon überzeugt, dass unsere Gemeinde einmal ein festes Zuhause haben würde, wenn Gott den Zeitpunkt dafür für gekommen hielt. Doch darüber wurde unsere Gemeinde so *alt*.

Eines Abends – wir hatten mittlerweile ein Grundstück erworben – kam Rick von der Arbeit nach Hause und teilte mir mit, dass das Bauamt unsere Baupläne wegen irgendwelcher neu entdeckten Umweltprobleme nicht bewilligen würde. Es gab erneut eine Verzögerung – auf unbestimmte Zeit.

„Jetzt reicht's mir aber!", brüllte ich ihn an. „Ich bin dieses dämliche Spielchen so leid! Du bist einfach zu nett zu den Typen vom Bauamt gewesen. Warte nur, bis *ich* bei denen vorstellig werde und mal ordentlich auf den Putz haue! Ich möchte doch mal sehen, ob sie die Genehmigung nicht ganz schnell aus der Schublade holen!"

Ich war stinksauer. Rick, der sich niemals mit einer wütenden Frau anlegen würde, zog sich zurück. Ich stürmte in unser Arbeitszimmer und knallte die Tür hinter mir zu. Dann schaute ich zur Decke hinauf, reckte Gott eine Faust entgegen und fing an zu wettern: „Was willst du denn von uns? Haben wir nicht versucht, alles so zu machen, wie du es wolltest? Haben wir nicht versucht, dir zu folgen? Haben wir nicht alle Geschäfte sauber und korrekt abgewickelt? Haben wir dir nicht vertraut und geglaubt? Ich versteh das nicht: Sag uns doch einfach, was du von uns willst, und hör endlich auf, uns zu veralbern!"

Als ob ich mit meiner Tirade nicht sowieso schon über das Ziel hinausgeschossen war, legte ich noch eins drauf und beschuldigte Gott, andere Gemeinden lieber zu haben: „Warum hat Bill Hybels jede Menge Land für ‚Willow Creek' und wir nicht? Warum hast du Chuck Smith und der ‚Calvary Chapel' ein Grundstück und ein Gebäude gegeben? Warum hat die Gemeinde von Adrian Rogers in Tennessee Land? Die haben gerade erst 80 Hektar Land gekauft! Wozu brauchen die 80 Hektar? Wir haben überhaupt kein Land und die haben sage und schreibe 80 Hektar! Wir sind dir doch völlig egal!"

Es ist vermutlich ein Wunder, dass mich nicht auf der Stelle der Blitz traf. Die Beschuldigungen, die ich Gott da an den Kopf warf, waren wirklich fies. Ich war völlig außer mir vor Zorn, Verbitterung, Enttäuschung und Schmerz. Doch schon bald hatte mein wilder Ausbruch mich vollkommen erschöpft. Ich sank auf den Bürostuhl, legte den Kopf auf den Schreibtisch und schluchzte laut.

Nachdem ich eine Weile so gelegen hatte, die Arme auf dem Schreibtisch ausgebreitet, bemerkte ich, dass meine Bibel in Reichweite lag. Und obwohl ich wirklich wütend war, wusste ich dennoch, dass es außer Gott niemanden gab, an den ich mich mit meinen Problemen und meinem Frust wenden konnte. Ich blätterte aufs Geratewohl darin herum, bis ich zum 21. Kapitel des Johannesevangeliums kam. Ich hatte in jener Woche gerade erst eine Bibelarbeit über diesen Textabschnitt gehalten, doch mir war völlig entgangen, was diese Passage mit meinem persönlichen Leben zu tun hatte. Jetzt sprang sie mich förmlich an.

In den Versen wird eine Begegnung zwischen dem auferstandenen Jesus und seinen Jüngern beschrieben. In diesem Rahmen kommt es vor allem zu einem fesselnden Gespräch mit Petrus. Jesus fragt diesen dreimal hintereinander, ob er ihn liebe. Petrus bejaht das jedes Mal, zunehmend aufgebracht und verletzt, weil Jesus ihm nicht zu glauben scheint. Plötzlich schlägt Jesus einen anderen Ton an, fast als wollte er sagen: „Gut, wenn es dir wirklich ernst damit ist, dann werde ich dir jetzt sagen, was es für dich heißen wird, mich zu lieben":

„„Amen, ich versichere dir: Als du jung warst, hast du deinen Gürtel selbst umgebunden und bist gegangen, wohin du wolltest; aber wenn du einmal alt bist, wirst du deine Hände ausstrecken, und ein anderer wird dich binden und dich dorthin bringen, wohin du nicht willst.' Mit diesen Worten deutete Jesus an, mit welchem Tod Petrus einst Gott ehren werde. Dann sagte Jesus zu ihm: ‚Komm, folge mir!'

Petrus drehte sich um und sah hinter sich den Jünger, den Jesus besonders lieb hatte. Es war derselbe, der während des letzten Mahles neben Jesus gesessen und ihn gefragt hatte: ‚Herr, wer wird dich verraten?' Als Petrus ihn sah, fragte er Jesus: ‚Herr, was geschieht denn mit dem?'

Jesus antwortete ihm: ‚Wenn ich will, dass er so lange lebt, bis ich wiederkomme, was geht das dich an? Du sollst mir folgen!'"
(Johannes 21,18–22; GN).

Jesus fackelt nicht lange herum. Er sagt Petrus klipp und klar, dass dieser für seinen Glauben sterben wird. Es gibt keine tröstenden Worte, kein Schulterklopfen, nichts, was diese schockierende Vorhersage irgendwie abmildern würde. Ja, im nächsten Atemzug stellt Jesus Petrus vor die schwerste Entscheidung, die dieser je zu treffen hatte. „Folge mir. Du wirst sterben, Petrus, aber zunächst möchte ich, dass du mir nachfolgst."

Petrus tut genau das, was die meisten von uns tun würden. Er sucht in der Gruppe der Jünger, die sich um die Gesprächspartner scharen, nach einem freundlichen Gesicht und fragt: „Ach ja? Und was ist mit *dem*? Was wird aus Johannes? Hast du heute auch noch irgendwelche Hiobsbotschaften für *ihn*?"

Und jetzt kommen die Worte, die meiner Argumentation das Wasser abgruben. Jesus bringt alle möglichen Einwände – „Das ist nicht fair!", „Du ziehst andere vor!" oder: „Du liebst ihn mehr als mich!" – zum Schweigen. Er sagt ganz einfach: „Petrus, wenn ich will, dass Johannes so lange lebt, bis ich zurückkomme, was geht dich das an? Es geht hier um *dich*."

Wie ich so am Schreibtisch saß, ganz erschöpft von meinem Ausbruch, sprach er durch sein Wort zu mir: „Kay, das, was ich in anderen Gemeinden tue, geht dich gar nichts an. Und wenn ich jeder Gemeinde auf dem gesamten Erdball ein Grundstück und ein Gemeindehaus gäbe, nur ,Saddleback' nicht, was geht es dich an? Wirst du mir trotzdem folgen?"

Ja, Herr. Ja.

Sehen Sie, es geht mich – oder Sie – *wirklich* nichts an, was Gott im Leben eines anderen tut. Das Einzige, das mich interessieren sollte, ist, dass ich ihm *folge*. Ich nenne das manchmal das Besen-Prinzip – wir sollen vor unserer eigenen Haustür kehren. Wir beschuldigen Gott zu Unrecht, Lieblingskinder zu haben, andere mehr zu lieben als uns, andere mit Segen zu überschütten, während wir leer ausgehen. Wir beten um ein

Wunder in unserer Familie und müssen zusehen, wie alles um uns herum zusammenbricht. Eine Freundin betet aber ebenfalls um ein Wunder in ihrer Familie und scheint erhört zu werden. Wir flehen Gott an, einen geliebten Menschen zu heilen, doch er oder sie stirbt trotzdem. Ein anderer Freund bittet Gott, einen geliebten Menschen zu heilen – und dieser tut es. Daraus schließen wir, dass seine Liebe ungleichmäßig verteilt ist, und manche wenden sich daraufhin von ihm ab.

Hier ist der Knackpunkt: Ich sollte mich nicht darum kümmern, warum Gott etwas tut – um meine Nachfolge hingegen schon.

Jesus zu folgen bedeutet, ihm alles, was Sie ausmacht, uneingeschränkt zur Verfügung zu stellen: das, was Sie zu sein glauben; das, was Sie wirklich sind; das, was Sie nicht zu sein glauben; das, was Sie wirklich nicht sind. Es bedeutet, vom Thron im Königreich Ich herabzusteigen und sich einem neuen Königreich anzuschließen: dem Reich Gottes. Es bedeutet, ihm zu folgen, selbst wenn das völlig unlogisch erscheint. Ich bin noch nicht dort, aber ich bin auf dem Weg dorthin.

Ich habe mir ein altes puritanisches Gebet aus dem 18. Jahrhundert auf den Schreibtisch geklebt und lese es beinahe täglich. An guten Tagen wiederhole ich es laut und fröhlich; an schlechten Tagen quetsche ich es zwischen zusammengebissenen Zähnen hervor; an den ganz finsteren Tagen flüstere ich nur ein paar der Worte – und an jenen Tagen, wenn ich das Gefühl habe, dass das Universum sich einen Scherz mit mir erlaubt, blicke ich durch meine Tränen hindurch zum Himmel hinauf und lasse meinen Geist wortlos zu seinem sprechen.

Gebet zur Erneuerung des Bundes
Ich gehöre nicht mehr mir, sondern dir.
Stelle mich, wohin du willst. Geselle mich, zu wem du willst.
Lass mich wirken, lass mich dulden.

Brauche mich für dich oder stelle mich für dich beiseite.
Erhöhe mich für dich, erniedrige mich für dich.
Lass mich erfüllt sein, lass mich leer sein.
Lass mich alles haben, lass mich nichts haben.
In freier Entscheidung und von ganzem Herzen überlasse ich alles
deinem Willen und Wohlgefallen.
Herrlicher und erhabener Gott, Vater,
Sohn und Heiliger Geist:
Du bist mein und ich bin dein.
So soll es sein.
Bestätige im Himmel den Bund,
den ich jetzt auf Erden erneuert habe.
Amen.[8]

Jetzt wird es für Sie Zeit, vom Thron des Königreichs Ich herabzusteigen und zum Reich Gottes überzutreten, ein freiwilliger Diener des Gottes zu werden, der Sie erschaffen hat und der Sie liebt. Seine Wege sind nicht immer einfach, aber sie bringen Ihnen Frieden.

Hingabe

Werden Sie die Schlüssel zum Königreich Ich abgeben und die Einladung Jesu annehmen, sich selbst zu verleugnen, Ihr Kreuz auf sich zu nehmen und ihm nachzufolgen?

Gebet

Gott, was du da von mir verlangst, scheint mich zu überfordern. Ich weiß ja, dass ich zu sehr am Königreich Ich hänge. Einerseits bin ich bereit, mehr für dich zu leben, andererseits habe ich schreckliche Angst. Bitte vergib mir, dass ich für mich selbst lebe. Ich weiß, dass es mich etwas kosten wird, wenn ich mich dir ausliefere. Aber weil ich weiß, dass du mich erschaffen hast, um mich zu lieben, und weil du dich selbst für mich gegeben hast, händige ich dir hiermit die Schlüssel zu meinem Königreich aus. Rette mich vor mir selbst.

Praktische Schritte

❶ Denken Sie einmal darüber nach, in welchen Situationen Sie typischerweise mit dem Königreich Ich zu kämpfen haben. Wenn Sie dieses Buch gemeinsam mit jemandem lesen, dann tauschen Sie sich beim nächsten Treffen über Ihre Gedanken aus.
❷ Lernen Sie die Verse aus Markus 8,34–37 auswendig.
❸ Machen Sie den Ego-Test auf www.kaywarren.com, um sich selbst auf die Schliche zu kommen.

Kapitel 3

Auf wunderbare Weise verdorben

„Liebe Kinder, wir wollen nicht nur davon reden, dass wir einander lieben; unser Tun soll ein glaubwürdiger Beweis unserer Liebe sein" (1. Johannes 3,18; NL).

„Von alters her ist wahrer Glaube von barmherziger Zuwendung zu denen geprägt, die von der Welt gerne übersehen werden" (Gary Thomas: *Authentic Faith*).

Nachdem ich mich entschieden hatte, Gottes Ruf zu folgen, wollte ich die HIV/Aids-Pandemie in Afrika unbedingt mit eigenen Augen sehen. Ich wollte die erschütternden Statistiken mit Leben füllen. Die Informationen aus Büchern, Dokumentarvideos und dem Internet sowie die Gespräche mit Medizinern und Hilfsorganisationen reichten mir nicht mehr. Damals verstand ich noch nicht, dass HIV/Aids auch in den USA ein Problem ist. Ein Artikel über Aids in Afrika hatte mich aufgeschreckt, also konzentrierte ich mich auf Afrika. Ich *musste* nach Afrika. Fast auf den Tag genau ein Jahr nachdem Gott mich aus dem Gleichgewicht gebracht hatte, saß ich in einem Flugzeug nach Mosambik, das an der Südostküste Afrikas liegt.

Mein Tagebucheintrag vom 18. März 2003 gibt wieder, was ich beim Aufbruch in diese unbekannte Zukunft dachte:

„Ich frage mich, wie viele solcher Reisen ich wohl unternehmen werde. Warum strömen mir die Tränen übers Gesicht? Wie soll ich diese widerstreitenden Gefühle beschreiben, zu denen ich fähig bin? Ich kann so gewöhnlich und egoistisch sein, aber auch so aufopferungsvoll und liebevoll.

Vater, ich habe so eine vage Ahnung, dass es unheimlich viel gibt, was ich zu Beginn dieses neuen Lebensabschnitts alles nicht weiß. Es wird wohl unvermeidlich sein, dass ich rückblickend über meine Naivität, meine Unschuld und meine überstürzten Handlungen, Urteile und Gedanken lache, aber bitte schenk, dass ich andere in diesem Orientierungsprozess nicht verletze. Ich bete, dass niemand leiden muss, nur weil ich blind, stur, dumm oder im Irrtum war. Ich bitte dich, so gut ich kann, dass du meine Illusionen platzen lässt, meine Königreiche zerstörst, meine wahren Motive offenlegst und alles, was in meinem Leben nicht von dir ist, vernichtest. Doch vor allem möchte ich dich so weit kennenlernen, wie meine Menschlichkeit das verkraftet. Ich warte voller Sehnsucht auf DEN TAG, an dem dich zu kennen für mich ebenso vertraut und mühelos sein wird wie das Atmen.“

Das Bild dessen, was Gott in meinem Leben tat, war immer noch größtenteils grau und verschwommen. Ich konnte lediglich die Umrisse der Formen erkennen, die allmählich zutage traten. Trotzdem hatte ich so eine Ahnung, dass ich mich auf einer abenteuerlichen Reise befand, bei der ich auch Gott näherkommen sollte. Ich spürte, dass meine Bereitschaft, für die Menschen mit HIV/Aids einzutreten, mit der Verheißung einherging, Gott besser und auf neue Weise kennenzulernen.

Unterwegs

World Relief (www.worldrelief.org), eine der großen christlichen Hilfsorganisationen, hörte von meinem Interesse für Aids und lud mich ein, sie in Mosambik zu besuchen, wo sie besonders aktiv sind. Zu dritt – der örtliche Repräsentant von *World Relief*, meine Freundin Marlene und ich – bestiegen wir in Los Angeles ein Flugzeug mit dem Endziel Maputo, Mosambik. Als ich von meinem Fensterplatz in der 747 auf den Asphalt hinunterblickte, hätte ich am liebsten laut verkündet: „Ich gehe nach Afrika!"

Ich hatte im Laufe meines Lebens viel über Afrika gehört. Missionare auf Heimaturlaub hatten mich mit ihren Geschichten über ein Land fasziniert, in dem Affen, Elefanten und Löwen frei herumstrichen. Auf dem Schreibtisch meines Vaters stand ein kleiner Elefant aus Ebenholz mit Stoßzähnen aus Elfenbein, ein Mitbringsel von einem Missionar in Kenia. Wenngleich mich die abenteuerlichen Erfahrungen dieser Missionare fesselten, so ängstigten mich die Geschichten von dem harten Dienst auf dem „schwarzen Kontinent" auch ein wenig. Wie viele andere Vertreter meiner Generation unterlag ich der irrigen Vorstellung, dass Gott einen sicherlich nach Afrika schicken würde, ließ man sich ganz auf ihn ein. Alle meine Freunde flehten Gott an, sie überallhin zu schicken – nur nicht an diesen schrecklichen Ort. Ich kann nicht genau sagen, warum für mich in meiner Kindheit die Vorstellung, nach Afrika gesandt zu werden, gleichbedeutend war mit völliger Hingabe. Da haben sicher viel Unwissenheit, Vorurteile und Aberglaube eine Rolle gespielt.

Aber Afrika war das Epizentrum von Aids, also würde ich nach Afrika gehen.

Joanna und Flora

Der 24-stündige Flug verlief ereignislos, obwohl mein Herz und meine Gedanken rasten. Es war Abend, als wir ankamen, und ich konnte beim Landeanflug Tausende kleine Feuerstellen erkennen, die die Landschaft erhellten. Die Luft war drückend vor Hitze, Feuchtigkeit und dem Rauch der Feuer. Ich schlief gut und wachte an meinem ersten Morgen mit dem Gefühl auf, dass etwas geschehen würde, das mein Leben verändern würde. Hier ist mein Tagebucheintrag:

„Was wird dieser Tag bringen? Dieser Tag ist gewichtig. Er ist kostbar. Es wird nie wieder einen ‚ersten Tag in Afrika‘ geben. Was möchtest du heute von mir, Vater? Saubere Hände, ein reines Herz, Gehorsam, Vertrauen – das kann ich mit Sicherheit jetzt schon sagen."

Ich konnte nicht sagen, ob die Angst oder die Aufregung überwog. Nichts sah vertraut aus und zum ersten Mal in meinem Leben war ich in der Minderheit. Alle Menschen um mich herum waren in verschiedenen Schattierungen schwarz und ich war weiß – nicht einmal gebräunt, sondern käseweiß! Ich wollte in der Eingewöhnungsphase unauffällig sein und nicht bemerkt werden, wenn ich mich ungeschickt anstellte, aber das konnte ich mir abschminken! Ich zog sofort neugieriges Interesse auf mich. Die Kinder kannten keine vornehme Zurückhaltung und starrten mich unverhohlen an. Sie kicherten und zeigten mit dem Finger auf mich. Bestimmt kommentierten sie meine teigig-blasse Hautfarbe und das seltsam gelbe Haar. „Was hat die sich denn da ins Gesicht geschmiert?", müssen sie sich gefragt haben.

Meinen Gastgebern von *World Relief* war wichtig, dass ich so schnell wie möglich Menschen traf, die HIV-positiv waren. Wir quetschten uns in einen alten Landrover mit Sitzbänken, wo man sich auf der Fahrt gegenübersitzen konnte. Ich bombardierte die Mitarbeiter mit Fragen, doch sie waren weise genug, mir zu raten, ich solle einfach nur beobachten und den Leuten zuhören, die ich traf. Ich würde mit der Zeit schon verstehen, erklärten sie mir. Und ich hatte so eine Ahnung, dass sie die meisten meiner Fragen für ignorant und unangebracht hielten, aber sie blieben unverändert freundlich. Wir holperten über unbefestigte Straßen, die von riesigen Schlaglöchern durchzogen waren, und schaukelten und hüpften im Takt mit den heftigen Stößen. Es dauerte nicht lange, da stellten wir das Auto ab und gingen zu Fuß durch niedriges Buschwerk auf einen Baum mit breit gefächerter Krone zu.

Zunächst sah ich lediglich ein ausgebleichtes Stück Stoff. Doch es stellte sich heraus, dass das Stück Stoff unter dem Blätterdach eine sterbenskranke, obdachlose Frau namens Joanna war. Man erzählte mir, die Leute aus ihrem Dorf hätten sie und ihren Mann gebeten, das Dorf zu verlassen, nachdem herausgekommen war, dass sie Aids hatten. Eine entfernte Verwandte bot ihnen an, sich um sie zu kümmern, also zogen sie um. Doch als ihre neuen Nachbarn von ihrer Krankheit erfuhren, brannte die winzige Strohhütte, die sie sich gebaut hatten, auf unerklärliche Weise nieder. Als ich sie kennenlernte, lebte Joanna unter dem großen Baum. Sie hatte kein schützendes Dach, keine Kochtöpfe, keine Decken, keine Kleidung zum Wechseln – nur das Stück Plastikplane, auf dem sie lag. Sie sah uns näher kommen und unternahm einen tapferen Versuch, sich zu unserer Begrüßung aufzurichten, doch der erbarmungslose Durchfall hatte ihren Körper derart ausgemergelt, dass sie nicht mehr stehen konnte. Sie kroch auf Knien und Ellbogen auf uns zu, sackte aber bald in sich zusammen. Ihre Tante beeilte sich, sie auf ein Stück Plane zu hieven, das als Sitzgelegenheit für Gäste diente. Joanna legte ihre dünnen Gliedmaßen würdevoll zurecht und wartete auf uns, um uns zu begrüßen. Sie war nur noch Haut und Knochen.

Ich war sprachlos.

Ich weiß, wie man mit Leuten spricht, die beruflich unter Stress stehen, als Eltern von sich enttäuscht oder aufgelöst sind, weil sie es einfach nicht schaffen abzunehmen. Doch nichts, aber auch gar nichts in meinem bisherigen Leben hatte mich darauf vorbereitet, mit einer obdachlosen, sterbenskranken Frau zu sprechen, die unter einem Baum lebt. Äußerlich setzte ich ein Lächeln auf, doch innerlich hatte ich panische Angst. Wütend auf Gott und wütend auf die Zerbrochenheit unserer Welt, suchte ich in den hintersten Winkeln meines Hirns nach etwas halbwegs Geistlichem, das ich zu dieser Frau sagen konnte. Die Worte blieben mir im Halse stecken. Mir fiel nichts anderes ein als: „Ich heiße Kay. Danke, dass wir dich besuchen dürfen."

Glücklicherweise war meine Begleiterin Debbie Dortzbach, die internationale HIV-Direktorin von *World Relief*, erfahren. Sie hatte Hunderte von Frauen wie Joanna getroffen und ihr Glaube war stark. Sie begrüßte Joanna warm und freundlich, kniete sich neben sie und schaute ihr in die Augen. Dann legte sie die Arme um sie und hielt sie, betete für sie und bat Gott um Trost, Kraft und Hilfe in dieser schrecklichen Lage. Sie sprach von der Hoffnung auf den Himmel – davon, dass es eine bessere Welt ohne Schmerzen und Kummer und Krankheit gab, zu der Joanna durch den Glauben an Jesus, der sie liebte, gehören durfte. Debbie hatte Tabletten gegen Übelkeit dabei und bot Joanna welche an, um es ihr etwas leichter zu machen, doch selbst ich in all meiner Unerfahrenheit konnte sehen, dass diese Frau nur noch wenige Tage zu leben hatte.

Ich ließ Joanna unter diesem Baum zurück, aber im Grunde ist sie immer bei mir. Ihr Bild hängt an der Wand meines Büros und ich schaue es mir jeden Tag an. Für mich hat sie Aids einen Namen gegeben; sie hat der Krankheit ein Gesicht gegeben.

Ich wäre nach diesem ersten Tag am liebsten nach Hause gereist. Ich hatte so viel erlebt, das meine Gedanken und mein Herz auf Jahre hinaus beschäftigen würde. Doch es gab noch mehr Menschen, die ich kennen- und lieben lernen sollte, mehr Schicksale, die mich aufrütteln sollten.

Floras Haus war winzig, aber zumindest war es ein Haus. Sie weinte leise, als sie mir ihre Geschichte erzählte. Ihr Ehemann hatte eine Affäre und seine Geliebte hatte obendrein noch ein Kind von ihm bekommen. Er entdeckte, dass er HIV-positiv war und seine Geliebte und ihr neugeborenes Baby ebenfalls. Auch bei Flora war das Testergebnis positiv; die Untreue ihres Ehemannes hatte ihnen das HI-Virus ins Haus gebracht. Zu allem Überfluss hatte Floras Mann auch noch darauf bestanden, dass seine Geliebte und ihr Baby bei ihm einzogen, also mit Flora und ihren drei Kindern in dem winzigen Häuschen lebten. So sah Floras Leben aus, als ich sie traf.

Und wiederum hatte mein Glaube mich nicht darauf vorbereitet, jemandem beizustehen, der sich in einer so schwierigen Lage befand wie sie. Ich schaffte es gerade noch hervorzubringen: „Wie kann ich für dich beten? Ich werde zurück in mein Land gehen und würde meinen Freunden gerne von dir erzählen. Worum können sie für dich beten?"

Ich hatte erwartet, dass sie sagen würde: „Bete, dass dieser Mistkerl seine Geliebte aus dem Haus wirft", oder: „Bitte doch deine Freunde, dass sie mir Geld für Medikamente schicken", oder: „Könntest du sie bitten, für meine Genesung zu beten?" Stattdessen sprach sie die herzzerreißende Bitte aus, die ich seither von zahllosen Müttern auf der ganzen Welt gehört habe: „Könntest du sie bitten, für meine Kinder zu beten? Wer wird sich um sie kümmern? Wenn herauskommt, dass ich an Aids gestorben bin, wird niemand sie haben wollen." Mir fehlten die Worte; mir fiel nichts Vernünftiges ein. Ich konnte ihr nicht versprechen, dass sie leben würde oder dass ihre Kinder von einem Nachbarn oder Verwandten aufgenommen werden würden, der sie lieben würde. Ich lächelte wieder äußerlich, aber innerlich war ich völlig aufgewühlt.

Als ich wieder zu Hause war, fragten meine Freunde und Angehörigen: „Wie war denn deine Reise so? Erzähl doch mal!" Ich hatte Mühe, meine Erlebnisse in Worte zu fassen, und es gelang mir auch nicht besonders gut. Mein Leben in den USA hatte mich wahrlich nicht auf das vorbereitet, was ich in Afrika gesehen hatte. Nicht einmal ansatzweise. Ich versuchte es mit Vergleichen. „Denkt an _____. Es ist ungefähr so, aber doch irgendwie anders." Ich hatte noch nie eine solche Armut, so viel Krankheit und einen solchen Mangel am grundlegendsten Lebensnotwendigen gesehen. Kein fließendes Wasser, keine Toiletten, wenig oder kaum Strom, wenige Autos, ein paar zerbeulte Fahrräder, zerrissene und seltsam aussehende Kleidung, keine Schuhe, dürftiges Essen – nichts glich dem Leben, das ich kannte.

Zurückgehen

So aufgewühlt ich auch durch meine Reise nach Afrika war, mein Wissensdurst war noch nicht gestillt. Sechs Wochen später bereiste ich zwei weitere afrikanische Länder – Malawi und Südafrika – mit einer anderen christlichen Hilfsorganisation: *World Vision* (www.worldvision.de). Und wieder hüllte uns die gleiche drückende Hitze ein. Berge mit ausgefransten Spitzen boten mir einen völlig ungewohnten Anblick – uralte vom Nebel verschleierte Vulkane. Wo ich auch hinsah, waren Frauen zu Fuß unterwegs, die Mehrzahl barfuß. Jede trug ein Baby auf dem Rücken und dazu einen 20-Liter-Wasserkrug auf dem Kopf. Viele schleppten obendrein noch Feuerholz oder Kohlen.

In einer ländlichen Gegend von Malawi ging ich durch ein Dorf aus runden Lehmhütten mit Strohdächern, um einen KVH zu besuchen: Die Buchstaben sind eine klinisch-kalte Abkürzung für „Kinder-Vorstand-Haushalt", ein Euphemismus für „Waisen". Der 15-jährige John hatte für seinen elfjährigen Bruder George und sein dreijähriges Schwesterchen Nisende sowohl die Vater- als auch die Mutterrolle übernommen, da die Eltern an Aids gestorben waren. In diesem Teil Malawis sieht man selten weiße Besucher, und mit meiner bleichen Haut, dem blonden Haar und den hellblauen Augen sah ich für sie aus, als sei ich tot. John und sein Bruder waren höflich, aber zugeknöpft, die kleine Schwester lächelte kein einziges Mal. Sie zeigten uns stolz das Innere ihrer Lehmhütte: ein winziger Raum mit ein paar zerlumpten Decken und einem verbeulten Kochtopf. Als ich auf der Lehmschwelle ihrer Hütte saß, konnte ich das kleine Mädchen dazu locken, sich für ein Foto auf meinen Schoß zu setzen. Wenn man sich das Bild an meiner Wand genau anschaut, dann sieht man, dass ich, obwohl ich lächle, Tränen in den Augen habe.

Ich hätte mich am liebsten auf den Boden geschmissen und geheult; ich wollte für dieses kleine Mädchen zu Gott schreien. Ich sah ihre Zukunft ohne die leitende Liebe und Fürsorge der Eltern, die sie in diese Welt gebracht hatten. Wo war der Papa, der ihr Beschützer sein würde? Wo war der Vater, der sie in die Luft werfen und ihr vergnügtes Quietschen hören würde? Wo war der Papa, der sie bei ihrer Hochzeit stolz dem Ehemann übergeben würde? Wo war die Mutter, an die sie sich nachts kuscheln konnte und die sie wieder in den Schlaf singen würde, wenn sie schlecht geträumt hatte? Wo war die Mutter, die ihr beibringen würde, was es hieß, eine Frau zu sein?

Ich konnte mein Schluchzen kaum unterdrücken und weinte später, als wir wieder in unserem Kleinbus saßen, hemmungslos. Meine Freundin und Kollegin Elizabeth und ich klammerten uns tief erschüttert aneinander.

Allmählich lebte ich in einem Dauerzustand der Erschütterung.

Die zermürbende, gnadenlose Armut brachte mich zum Weinen. Die Waisenkinder stahlen mir das Herz und machten es mir so schwer, dass ich glaubte, es würde stehen bleiben. Die Frauen, die von untreuen Ehemännern mit HIV infiziert worden waren, erstaunten mich mit ihrem Mut. Die Männer, die ihre schwindende Körperkraft verdross, weckten in mir den Wunsch, dass das Ende doch schneller kommen möge. Mit jedem Tag trieb mich das Ausmaß dieses Leidens näher an den Rand der Verzweiflung.

Und dann war es Zeit, nach Hause zu reisen.

Afrika nach Hause bringen

Hatte mich kaum etwas in meinem bisherigen Leben auf meine Erlebnisse in Afrika vorbereitet, so hatte mich absolut nichts darauf vorbereitet, was es hieß, angesichts all dessen zu Hause im wohlhabenden Kalifornien mein altes Leben wieder aufzunehmen. Alles sah so anders aus; alle Menschen wirkten seltsam. Ich sah meine Besitztümer mit anderen Augen. Plötzlich war ein voller Kühlschrank eine Beleidigung. Die vollgepackten Supermarktregale fand ich unmäßig. Die neueste Mode in den Schaufenstern war trivial. Fernsehsendungen fand ich albern und dumm. Von Politik wurde mir übel. Die Gemeinde war oberflächlich. Ich war durcheinander.

Kurz nachdem wir aus Malawi und Südafrika zurückgekehrt waren, schickte Elizabeth mir eine E-Mail. Darin schrieb sie:

„Vielen Dank! Du hast mir mein Leben verdorben – auf wunderbare Weise verdorben." Ich nickte. Mir ging plötzlich ein Licht auf. „Genau das ist es. Das beschreibt ganz genau, was mit mir passiert ist." Ich war verdorben für das Leben, wie ich es bisher gekannt hatte, aber in *wunderbarer Weise* verdorben! Ich werde mein Leben jetzt immer in die Zeitrechnung „vor Aids" und „nach Aids" einteilen. Ich bin einfach nicht mehr die, die ich einmal war, obwohl ich auch vorher kein schlechter Mensch war. Doch diese neuen Erlebnisse haben mich geprägt und ich bin seitdem nicht mehr die Alte. Ich *will* auch gar nicht mehr die Alte sein. Nach allem, was ich gesehen und erlebt habe, nach all den Begegnungen kann ich mich nicht einfach umdrehen und so weiterleben wie bisher. Ich betrachte das Leben jetzt aus einem anderen Blickwinkel.

Während ich für mich noch durchbuchstabieren musste, wie ich dieses „verdorbene" Leben leben und trotzdem einen gesunden Lebensstil beibehalten konnte, ging mir auf, dass ich eigentlich in drei verschiedenen Welten lebe, die alle ganz real sind. Da sind meine Welt, die leidende Welt und die geistliche Welt. Die erste Welt ist die, in der ich mit meiner Familie lebe. Es ist eine Welt voller Supermärkte, Einkaufszentren, Wohlstand und Überfluss. Es ist die Welt, in der ich tagaus, tagein Kontakt habe mit meiner Familie, mit Nachbarn, Kollegen, anderen Gemeindemitgliedern und den Menschen in meinem Umfeld. Dies ist die Welt, in der ich meinen Glauben in die Praxis umsetzen muss und nicht bei der Theorie stehen bleiben darf.

In diese meine Welt kam ich von meinen Reisen nach Afrika mit der Überzeugung zurück, dass es scheinheilig wäre, wenn ich um die HIV-positiven Menschen Tausende von Meilen entfernt weinte, aber die Infizierten in meinem eigenen Umfeld ließen mich kalt. Daraufhin rief ich in *Saddleback* eine Arbeitsgruppe HIV/Aids ins Leben. Eine kleine

Gruppe von Männern und Frauen meldete sich tatendurstig nach meinem ersten Vortrag über Aids, und wir begannen, uns regelmäßig zu treffen, um darüber nachzudenken, was wir tun könnten, um der Pandemie in unserem Teil der Welt einen Schlag zu versetzen. In Orange County gab es Männer, Frauen und Kinder, die infiziert waren und unter den Auswirkungen von Aids litten, doch wir wussten gar nicht, wer diese Menschen waren. Unsere Gemeinde war zum damaligen Zeitpunkt kein Ort, an dem Personen, die sich als HIV-positiv outeten, gut aufgehoben gewesen wären. Abgesehen von zwei Krankenschwestern hatte niemand von uns irgendwelche medizinischen Kenntnisse oder Ausbildungen, niemand war nach Afrika oder anderswohin gereist, niemand verstand, wie sehr HIV alle Lebensbereiche durchdringt. Wir hatten im Prinzip keinen Schimmer. Doch den Mangel an Wissen oder Informationen machten wir mit Enthusiasmus und Einsatzbereitschaft wett.

Und es gibt noch eine andere Welt – die genauso real ist –, in der viele meiner Brüder und Schwestern Mangel leiden, ums Überleben kämpfen und in Not sind. Dies ist die leidende Welt. Dort dominieren geistliche Leere, korrupte Staatsoberhäupter, extreme Armut, Epidemien und Analphabetentum. In dieser Welt, die den meisten von uns kaum bekannt ist, sind 40 Millionen Menschen mit HIV infiziert, einer unheilbaren, aber vermeidbaren Virusinfektion, die zu Aids führt, wenn das Immunsystem letzten Endes versagt. Zu dieser Welt gehören auch 15 Millionen Waisenkinder – und das sind nur diejenigen, die aufgrund von HIV/Aids verwaist sind. Diese Zahl schließt nicht die über 100 Millionen Kinder ein, die ihre Eltern aus anderen Gründen oder aufgrund anderer Erkrankungen verloren haben. Sie und ich haben die Möglichkeit, für diese Brüder und Schwestern die Hände und Füße Jesu zu sein und ihnen durch unsere Taten zu zeigen, wie sehr er sie liebt.

Die dritte Welt ist die unsichtbare geistliche Welt – *die realste Welt von allen* –, in der ich aufgrund einer persönlichen Beziehung zu Jesus Christus mit Gott verbunden bin. Aus dieser Welt beziehe ich die Kraft, den Mut, die Integrität und die Liebe, die ich brauche, um in den anderen beiden Welten zu leben. Hätte ich keinen Zugang zu dieser geistlichen Welt mit ihrer ewigen Perspektive, würde ich vor Müdigkeit oder emotionaler Überlastung ausbrennen. Die Bibel, Zeiten der stillen Besinnung, Anbetungsmusik, die meine Seele erfrischt, und die Gesellschaft anderer „verdorbener" Freunde sorgen dafür, dass ich geistlich gesund bleibe. Aus diesem Grund bin ich glücklich und zufrieden damit, ein Bürger dieser drei Welten zu sein.

Es ist eine ganz schöne Herausforderung, in diesen drei Welten zu leben, weil ich ständig abwägen muss, in welche Bereichen ich tagtäglich meine Zeit und Kraft investiere. Doch da ich tiefe geistliche Wurzeln habe, ist es möglich.

Sich in die Riege der Verdorbenen einreihen

Wenn ich dieser Tage zu kleinen Grüppchen von Menschen spreche, die sich auf einen Kurzeinsatz vorbereiten, dann lade ich sie halb scherzend ein, Mitglieder im „Klub der Schwergestörten, auf wunderbare Weise Verdorbenen" zu werden. Manche schauen mich dann an, als hätte ich nicht mehr alle Tassen im Schrank – sie haben keine Ahnung, wovon ich rede, doch wenn sie von ihrem Einsatz zurückkommen, kommen sie auf mich zu und sagen: „Jetzt verstehe ich. Mein Leben ist verdorben." Es befriedigt sie nicht länger, sich ausschließlich auf ihre *eigene* Welt, auf sich selbst, ihre Probleme, ihre Familie und Karriere zu konzentrieren. Ihre Augen wurden für neue Realitäten geöffnet. Sie haben gesehen, wie die leidende Welt lebt, und das ist für sie nun *real*. Sie können das Leiden nicht ignorieren oder so tun, als gäbe es das nicht. Sie müssen einfach etwas dagegen unternehmen. Sie sind jetzt wie ich bereit, in drei Welten zu leben – als schwergestörte, auf wunderbare Weise verdorbene Menschen.

Und Sie? Sie müssen nicht unbedingt nach Afrika reisen, um unter Beweis zu stellen, dass Sie das Leiden dieser Welt nicht länger kaltlässt. Mich persönlich hat meine Hingabe an Gott dorthin geführt, aber bei Ihnen zeigt sich die Tiefe Ihres Gehorsams gegenüber Gott unter Umständen an etwas ganz anderem: daran, wie Sie die Geringsten behandeln (nachzulesen in Matthäus 25,40). Werden Sie es Gott gestatten, Ihre gemütliche Welt zugunsten der Notleidenden zu erschüttern, ganz gleich, ob diese am anderen Ende der Welt oder um die Ecke leben? Irgendwo, an irgendeinem Ort in Ihrer Welt, müssen Sie Gottes Liebe zu den Geringsten ganz praktisch unter Beweis stellen.

Wo lassen Sie zu, dass Gott Ihre Zeitplanung, Ihre Finanzen und Vorlieben neu ordnet, damit Sie regelmäßig Zeit mit denen verbringen können, die er liebt? Vielleicht spenden Sie ja Geld an eine Gemeinde oder gemeinnützige Organisation – das ist ein guter Anfang, aber nicht genug. Geld zu geben ist wie ein Befreiungsschlag gegen Materialismus und Egoismus, mit denen wir alle zu kämpfen haben, aber Spenden kann auch dazu dienen, unser Gewissen zu beruhigen, während wir selbst zu notleidenden Menschen immer hübsch Abstand halten. Können Sie die Kranke, den Armen, den Häftling, das Waisenkind, die Witwe, den Asylbewerber benennen, um die Sie sich persönlich im Namen Jesu kümmern? Wenn nicht, dann ist es an der Zeit, dass Sie in Ihrem Leben ein paar einschneidende Veränderungen vornehmen.

Wenn Sie auf der Wohnzimmercouch herumsitzen, wird Sie das auch nicht verändern – es mag Sie betroffen machen, aber nicht umkrempeln. Man kann sich einen Sonderbericht im Fernsehen anschauen, einen Zeitungsartikel lesen oder sich ein Video aus dem Internet herunterladen und von dem Leid in unserer Welt erschüttert sein. Doch verändert wird man erst, wenn man tatsächlich etwas *tut* – machen Sie bei einem Spendenlauf mit, engagieren Sie sich ehrenamtlich bei der Hausaufgabenhilfe, besuchen Sie jemanden, der im Krankenhaus liegt, nehmen Sie an einer Konferenz teil, lesen Sie einem Blinden etwas vor, servieren Sie eine Mahlzeit in einer Obdachlosenunterkunft, bewegen Sie sich außerhalb Ihrer gewohnten Bahnen, halten Sie ein HIV-positives Baby im Arm, gehen Sie auf einen missionarischen Kurzeinsatz – *egal, was*, es muss Sie nur mit leidenden Menschen in Berührung bringen. Solange leidende Menschen für Sie nur eine Zahl in einer Statistik sind, wird sich an Ihrer Einstellung nicht viel ändern. Doch wenn Leiden persönlich wird – wenn es ein Gesicht und einen Namen bekommt – und wenn Sie die Geschichten der Menschen hören, werden Sie nicht länger unbeteiligt bleiben können.

Genau das ist Sheryl Green passiert. Als ein Mitglied ihrer Kleingruppe den Vorschlag machte, dass sie sich alle bei der Obdachlosenhilfe in Orange County engagieren könnten, war Sheryl vehement dagegen. Warum? Ihr Bruder ist obdachlos, und sie hatte Angst, ihm zu begegnen. Ein obdachloses Familienmitglied bringt alle möglichen Komplikationen mit sich, und Sheryl hatte das Gefühl, niemand in ihrer Gruppe konnte das so richtig nachvollziehen. Zu ihrem Entsetzen entschied sich die Gruppe trotzdem dafür. Also ging Sheryl argwöhnisch mit zu einem heruntergekommenen Motel, das als Unterkunft für Obdachlose dient. Sie servierte Pfannkuchen, unterhielt sich mit den Bewohnern, sang ein paar Lieder und hielt eine kurze Ansprache über die Liebe Jesu – und sie genoss es von der ersten bis zur letzten Minute! An jenem Tag gewann Gott

Sheryls Herz – trotz ihrer Ängste und ihrer großen Bedenken. Sie war bereit, sich Gott ganz anzuvertrauen, selbst wenn das einschloss, dass sie ihren Bruder treffen würde. Sie ließ zu, dass Gott ihre Werte, ihre Einstellungen und sogar ihr Handeln veränderte. Heute ist sie diejenige aus ihrer Kleingruppe, die ständig fragt: „Und was jetzt? Was wollen wir als Nächstes für die Notleidenden tun?" Ihr Leben wurde dadurch verdorben – auf wunderbare Weise verdorben.

Verdorben.

Das klingt nicht sonderlich reizvoll, oder? Ich habe mehr geweint, mehr gelitten und mehr Kummer erlebt als je zuvor. Es vergeht kaum ein Tag, an dem mir nicht wegen irgendetwas das Herz bricht. Manchmal frage ich mich, wie oft mein Herz brechen und dabei doch weiterschlagen kann. Ich verstehe vollkommen, was eine Frau schrieb, die eines unserer Seminare über HIV besuchte und Elizabeth anschließend eine E-Mail schickte. Die Betreffzeile lautete: „Noch nichts Wunderbares an meiner Erschütterung." Sie schrieb Folgendes:

„Vergangenes Jahr folgte ich Pastor Warrens Aufruf, an der Konferenz zum Thema ‚Aids' teilzunehmen, und gestern war ich auch auf Ihrem HIV-Seminar. Seither weine ich ständig. Ich habe es Pastor Warren immer noch nicht ganz verziehen, dass er mich ermutigt hat, diese Tagung mitzumachen! Sie und Kay haben davon gesprochen, ‚schwergestört' und ‚auf wunderbare Weise verdorben' zu sein. Ich möchte Sie fragen: Was um Himmels willen ist daran so ‚wunderbar'? Ich bin einfach nur ‚verstört und völlig erschüttert'."

Ja, okay, sie ist verdorben für ihr bisheriges Leben. Ich auch.

Aber ich bin nicht nur verdorben; ich bin *auf wunderbare Weise* verdorben! Ich bin lebendiger als je zuvor. Ich bin durch Beziehungen und durch meine Arbeit auf eine Weise bereichert worden, die ich mir nie hätte ausmalen können. Ich verstehe es jetzt besser, auch in schlimmen Situationen Freude und Zufriedenheit zu finden. Wenn ich mich um die kümmere, die Jesus liebt, bringt mich das ihm näher. Ich habe die Gewissheit, dass ich einen wichtigen Beitrag leiste. Ich würde auch gar nicht mehr zu meinem alten Leben zurückkehren wollen. Dass Gott mich derart aufgerüttelt hat, ist das Beste, das mir je im Leben widerfahren ist.

Vielleicht finden Sie meine Einstellung etwas seltsam und Sie können sie nur schwer nachvollziehen. Vielleicht sind Sie ebenso verwirrt wie die Frau, die die oben erwähnte E-Mail geschrieben hat. Sie sind vielleicht einfach nur verstört und finden sich in Ihrem Leben nicht mehr zurecht, und daran ist absolut nichts Wunderbares. Dann möchte ich Ihnen Mut machen! Es braucht Zeit – Wochen, sogar Monate –, bis man sich daran gewöhnt hat, die Welt mit anderen Augen zu sehen, und bis man ein Gleichgewicht gefunden hat, das es einem erlaubt, zwar den Schmerz und das Leid der Welt zu fühlen, aber nicht davon überwältigt zu werden. Versuchen Sie nicht, das, was Gott in Ihrem Inneren tut, zu umgehen, auch wenn es noch so wehtut. Geben Sie sich Zeit, um sich an die Veränderungen zu gewöhnen, die er in Ihnen bewirkt.

Hingabe

Werden Sie zulassen, dass Gott Sie aufrüttelt und Ihre Weltanschauung und die Art und Weise, wie Sie mit anderen Menschen umgehen, dauerhaft verändert?

Gebet

Vater, ich bekenne, dass ich immer noch darüber nachdenke, ob ich dich wirklich bitten soll, mir mein gewohntes Leben zu verleiden. Ich bin mir nicht sicher, ob ich dazu bereit bin. Ich weiß ja gar nicht, was dann auf mich zukommt. Ich *möchte* aber dazu bereit sein. Wirst du anfangen, mich und die Art und Weise, wie ich mein Leben lebe, zu verändern? Ich möchte in meinem Herzen Platz für leidende Menschen schaffen. Hilf mir, jeden Tag ein bisschen bereitwilliger zu werden, mich von dir verändern zu lassen.

Praktische Schritte

❶ Erstellen Sie gleich jetzt eine Liste der Dinge, die Sie zögern lassen, Gott zu bitten, Ihre Einstellung radikal zu verändern. Wenn Sie sich regelmäßig mit einem Lesepartner treffen, sprechen Sie bei Ihrem nächsten Treffen über diese Liste.
❷ Tun Sie sich mit ein paar Freunden zusammen, um in der kommenden Woche einem Bedürftigen zu helfen, der in Ihrer Gegend lebt.

Kapitel 4

Achtung, fertig, halt!

> *„Probiert es aus und erlebt selbst, wie gut der Herr ist! Glück-*
> *lich ist, wer bei ihm Zuflucht sucht!"* (Psalm 34,9; Hfa).
>
> *„Glaube, der sich an Erfahrungen festhält, ist kein Glaube;*
> *der einzige Glaube, den es gibt, beruht auf der Wahrheit, die*
> *Gott uns zeigt"* (Oswald Chambers: „Mein Äußerstes für
> sein Höchstes", 21. Dezember).

Der 19. September 2003 begann wie jeder andere Tag. Es war
sechs Monate nach meinen Afrikareisen, und ich hatte nicht
die geringste Ahnung, dass meine Welt kurz davorstand ein-
zustürzen. Die jährliche Mammografie war lediglich ein Termin unter vielen auf meiner To-do-Liste. Die Untersuchung
verlief ohne besondere Vorkommnisse und anschließend ging
ich weiter meinem Tagesgeschäft nach.

Doch am nächsten Tag, einem Freitag, erhielt ich einen
Anruf der Arztpraxis und wurde für den darauffolgenden
Montag noch einmal zu einer diagnostischen Mammografie bestellt. Mir rutschte sofort das Herz in die Hose, und
ich fragte mit erstickter Stimme, was denn los sei. Natürlich
konnte mir die Sprechstundenhilfe nichts weiter sagen, außer
dass man noch ein paar Tests machen müsse. Ich weiß nicht,

warum man Untersuchungsergebnisse scheinbar immer am Freitagnachmittag erfährt – denn das bedeutet, dass man ein ganzes Wochenende lang auf glühenden Kohlen sitzt.

Am Montag darauf wurden bei mir eine diagnostische Mammografie sowie eine Ultraschalluntersuchung gemacht. Der Radiologe schaute angestrengt auf den Bildschirm und zeigte auf Stellen, an denen sich Kalk abgelagert hatte, versicherte mir aber, dass höchstwahrscheinlich nichts wäre. Um sicherzugehen, ordnete er für den nächsten Tag eine Nadelbiopsie an.

Mein Vater hatte am 25. September Geburtstag, und ich hatte vor, nach Arizona zu fliegen, um den Tag mit ihm zu verbringen. Weil mir der Radiologe die Biopsie eher beiläufig verordnet hatte, legte ich die Untersuchung direkt vor meinen Abflug. Rick wollte mich begleiten, doch ich verließ mich darauf, dass schon „nichts wäre", und bat meine Assistentin Marian, mich für die Gewebeentnahme in ein örtliches Krankenhaus zu fahren.

Nachdem meine Brust betäubt worden war, stocherte der Radiologe in dem Gewebe herum, um eine gute Probe zu entnehmen. Kurz darauf schauten er und seine Assistentin angestrengt auf den Bildschirm, wo das Biopsieverfahren zu sehen war. Er sagte nüchtern: „Ja, ich sehe den Knoten und die Kalkablagerungen."

Ich fiel fast von der Liege. „Was für ein Knoten? Von einem Knoten war nie die Rede!"

Ohne mich anzusehen, entgegnete er kühl: „Es ist mit an Sicherheit grenzender Wahrscheinlichkeit Krebs. Morgen werden wir es genau wissen."

Ich sank geschockt auf die kalte Liege zurück. Er verließ mit seiner Assistentin den Raum und ließ mich ganz allein mit diesem niederschmetternden Wort zurück: *Krebs*.

Aufgehalten

Gott hatte mich zu einer schwergestörten Frau gemacht. Er hatte dem Königreich Ich den Todesstoß versetzt. Ich war mein bisheriges Leben leid. Ich war mit viel Enthusiasmus in meine neue Rolle als Fürsprecherin für HIV-Infizierte geschlüpft und war regelmäßig mit großen Hilfsorganisationen im Gespräch darüber, wie *Saddleback* sie in ihrer Arbeit in Afrika unterstützen könnte. Ich las alles, was ich über HIV/Aids in die Finger bekam, und sprach mit einschlägigen Fachleuten. Ich war zweimal innerhalb von sechs Wochen nach Afrika gereist. Ich war dabei, als Präsident Bush seinen Notfallplan zur Bekämpfung von Aids verkündete.

Rick hatte mich auf meiner zweiten Reise nach Afrika teilweise begleitet. Eines Abends, unter dem großartigen afrikanischen Himmel, hatte Gott ihm eine Vision geschenkt, wie Gemeinden gegen die globalen Goliaths „geistliche Leere", „extreme Armut", „Analphabetentum", „Pandemien" und „korrupte Führungspersönlichkeiten" vorgehen könnten. Nun, einige Monate später, stand unsere Gemeinde kurz davor, eine ehrgeizige globale Strategie zu verabschieden, die wir den PEACE-Plan nannten: mit Gemeinden auf der ganzen Welt Partnerschaften bilden, um geistliche Versöhnung mit Gott zu erreichen; dienende Leiter ausrüsten und ermutigen; den Armen beistehen; sich um die Kranken kümmern; die nächste Generation ausbilden – und dies alles auf nachhaltige Weise, die vielerorts durchführbar wäre. In *Saddleback* wuchs die Arbeitsgruppe HIV/Aids zusehends. Ich stand in den Startlöchern, brannte darauf, HIV/Aids im Namen Jesu Christi den Garaus zu machen. Achtung, fertig, los? Nein: Achtung, fertig, halt!

Alle meine Pläne und Träume kamen in einem einzigen Augenblick zum Stillstand. Das Wort „Krebs" schwebte drohend über mir, und es lag nahe, dass ich zu einer Zahl in einer Statistik wurde: eine der 189.500 Frauen, die in den Vereinigten Staaten 2003 diese furchterregende Diagnose erhielten.

Mein erster Gedanke war: „Wenigstens ist es nicht HIV. Bei Brustkrebs habe ich noch eine Chance." So seltsam dieser Gedanke auch scheinen mag, er zeigt doch, wie sehr ich schon in die Welt von HIV/Aids eingetaucht war. Der nächste Gedanke stellte die Verbindung mit Gott her. „Doch er kennt den Weg, den ich gehe." Ich stand so unter Schock und fürchtete mich so sehr, dass mir die zweite Hälfte des Verses nicht mehr einfiel und auch nicht, wer es sagte oder wo die Stelle in der Bibel stand. Ich wusste lediglich, dass man mich zwar mit dieser möglicherweise lebensbedrohlichen Diagnose allein gelassen hatte, dass ich aber eigentlich in diesem fremden Raum gar nicht alleine war. Gott war bei mir. Er kannte den Weg, der vor mir lag, und er würde mich nicht verlassen.

Ich schaffte es, mich anzukleiden und wie benebelt aus dem Untersuchungsraum zu wanken. Marian wartete schon nervös auf mich und ich sank weinend in ihre Arme. Sie hielt mich ganz fest und wir weinten eine Weile gemeinsam. Wir konnten beide nicht recht glauben, dass Krebs von nun an Teil meines Lebensweges sein sollte. Ich rief Rick vom Auto aus an und er war genauso schockiert und fassungslos wie ich. Als wir in unsere Auffahrt bogen, kam er aus dem Haus gestürzt, und wieder umfingen mich die Arme eines Menschen, der mich innig liebte.

An jenem Abend suchte ich in meiner Bibel den Vers, der mich im Augenblick der Panik nach der Biopsie getröstet hatte. Passenderweise findet er sich in Hiob 23, Vers 10. Hiob, das Urbild menschlichen Leidens, bekräftigt seinen Glauben an den Gott des Universums und daran, dass sein Leiden irgendeinen Sinn hat: „Doch er kennt meinen Weg genau; wenn er mich prüfte, wäre ich rein wie Gold" (Hfa).

Ich bezog aus diesem Vers nicht die Gewissheit, dass ich, sollte ich tatsächlich Krebs haben, körperlich geheilt werden würde. Doch ich sah darin die Verheißung, dass das Leiden, selbst wenn die Prüfung auch hart werden würde, letztendlich „Gold" hervorbringen konnte. An diese Verheißung konnte ich mich in den folgenden fünf Monaten klammern – eine Zeit, in der ich immer wieder auf diesen Vers zurückkam.

Ich musste bis zum nächsten Tag auf die endgültige Diagnose warten und saß wie auf glühenden Kohlen. Gegen Mittag rief der Radiologe aus dem Krankenhaus an und machte erst einmal einen Witz. Ich unterbrach ihn und sagte: „Da Sie zu Scherzen aufgelegt sind, kann ich davon ausgehen, dass ich doch keinen Brustkrebs habe?" Ich konnte mir nicht vorstellen, dass mich ein Fachmann in einem so wichtigen Moment auf die Folter spannen oder so taktlos sein würde, einen Witz zu reißen, wenn ich tatsächlich Krebs hatte.

Er schwieg einen Moment lang und sagte dann: „Leider haben Sie tatsächlich Brustkrebs." Während ich mit den Tränen kämpfte, quetschte ich noch ein paar Fakten aus ihm heraus – die Art des Brustkrebses, die Größe des Tumors und so weiter – und legte dann auf. Ich fand, dass sein Verhalten unter aller Würde war. Er bot einer zutiefst verängstigten Frau nicht den geringsten Trost. Ich muss auch heute noch oft an ihn denken, wenn ich mit Kranken spreche. Seine armseligen Manieren erinnern mich daran, wie sanft und einfühlsam ich sein muss.

Es war unglaublich schwierig, unseren Kindern, meinen Eltern und unseren engsten Freunden von meiner Erkrankung zu erzählen. Doch ich kam mir wie in einem schützenden Kokon vor, fast als schwebte ich über der Situation. Während um mich herum alle besorgt und aufgelöst waren, konnte ich ruhig und gelassen sein und jedem versichern, dass schon alles gut werden würde. Innerhalb einer Woche hatte ich einen Termin bei einem Onkologen, der mir weitere Untersuchungen empfahl. Die Untersuchungen ergaben, dass ich mich unbedingt operieren lassen musste, und wir legten einen Termin fest. Mit jedem Arztbesuch wurden die Nachrichten besorgniserregender. Ich brauchte nicht nur eine Operation, ich würde mich auch noch einer Bestrahlung und vermutlich Chemotherapie unterziehen müssen.

Feuerprobe Krebs

Einmal blickte ich beim Anziehen in den Spiegel und dachte: *Ich sehe doch aus wie immer. Wie kann es da sein, dass da etwas Fremdartiges in mir ist, das mich umbringen will?* Plötzlich wurde ich von Furcht, Panik und Wut überwältigt. Ich stürmte in meinen begehbaren Kleiderschrank und schmetterte die Tür zu. *Ich will diesen Weg nicht gehen, Gott! Ich will den Weg gehen, auf dem ich* vorher *war. Das hier ist ein Umweg. Ich will diesen Krebs nicht. Nimm ihn wieder zurück! Ich will mein altes Leben wieder. Gib es mir sofort zurück!*

Aber das tat Gott nicht. Er gab mir mein altes Leben nicht wieder. Er nahm den Krebs nicht fort. Stattdessen ließ er eine Operation zu, 90 Tage Chemotherapie und 35 Tage Bestrahlungen. Er ließ es zu, dass mir Haare und Fingernägel ausfielen. Er ließ eine Operation zu, die einen von Narben entstellten Körper zurückließ – von der Biopsie des Wächterlymphknotens und vom Portkatheder, der operativ implantiert werden musste, als sich die Venen in meinen Armen durch die Chemotherapie zu zersetzen begannen. Das wiederum bescherte mir dauerhafte Tattoos auf der Brust, die das Bestrahlungsfeld markierten. Er ließ zu, dass ich wegen schwerer Nebenwirkungen nach drei der vier Chemobehandlungen ins Krankenhaus eingeliefert werden musste. Er ließ zu, dass ich aufgrund der Chemotherapie mein Kurzzeitgedächtnis verlor, vielleicht für immer, und dass ich danach verwirrt und wie benebelt war. Er ließ zu, dass ich eine offenbar dauerhafte Nervenschädigung an allen Druckpunkten des Körpers bekam, was es mir manchmal unerträglich macht, zu schlafen oder längere Zeit in ein und derselben Haltung zu verharren. Er ließ zu, dass ich mich von manchen Menschen schmerzlich im Stich gelassen fühlte, von denen ich angenommen hatte, dass sie mir beistehen würden. Mein Glaube ging durch die Feuerprobe Krebs.

Ich war über meine eigene Reaktion auf Gottes ausbleibendes Eingreifen unangenehm überrascht. Einmal saß ich mit meiner Freundin Elizabeth auf dem Sofa und ging meinen Gedanken und Gefühlen auf den Grund. „Es ist mir ja peinlich, es zuzugeben", sagte ich zu ihr, „aber ich verstehe Gott *einfach nicht!* Es ist mir absolut schleierhaft, was er vorhat. Ich leide ja schon schlimm genug, aber mein Leid ist nichts im Vergleich zu dem, was Milliarden von Menschen in diesem Moment ertragen müssen. Kannst du dir vorstellen, wie furchtbar Milliarden Menschen *genau in diesem Augenblick* leiden?"

Ich hatte es ja noch gut. Obwohl ich Brustkrebs hatte und die Behandlung nicht besonders gut vertrug, hatte ich alles, was ich brauchte: die Liebe und Unterstützung meiner Familie und Freunde, Zugang zu ausgezeichneter medizinischer Behandlung, ein Zuhause mit einem bequemen Bett, auf das ich mich sinken lassen konnte, wenn mir übel war, und genug zu essen (wenn mir nach Essen zumute war). Ich hatte es leicht im Vergleich zu denen, deren gesamte Existenz von der Geburt bis zum Tod ein einziger Kampf gegen Leid und ums Überleben ist. Leicht im Vergleich zu den Frauen, die von ihren Männern, Eltern oder Nachbarn in die Prostitution verkauft werden. Leicht im Vergleich zu den Aidskranken, denen keine Medikamente zur Verfügung stehen. Leicht im Vergleich zu den Männern, die von Sonnenaufgang bis Sonnenuntergang hart schuften, um ihre Familien zu versorgen. Leicht im Vergleich zu denen, die auf der ganzen Welt unschuldig in Gefängnissen verrotten.

Wenn man das Gesamtbild betrachtete, war mein Leiden vergleichsweise gering.

Meine Stimme bebte, als ich Elizabeth fragte: „Was hat Gott sich nur dabei gedacht, eine Welt zu erschaffen, in der es so schrecklich viel Leid gibt?"

An die Pforten des Himmels hämmern

Wir alle neigen dazu, wütend und anklagend die Faust gegen Gott zu erheben, wenn uns das Leben übel mitspielt. Nicht selten ziehen wir uns enttäuscht, desillusioniert und verbittert von Gott zurück. Wir wissen instinktiv, dass er all das Leid, das uns im Leben trifft, verhindern oder zumindest abmildern könnte. Schließlich ist er doch der Chef des Universums.

„Es ist alles seine Schuld", urteilen wir.

Ich war an jenem Tag wie Hiob, als ich verdrossen an die Pforten des Himmels hämmerte und Antworten auf meine Fragen, meine Zweifel, meine Ängste und meinen Zorn verlangte. Ich wusste, was die Bibel uns über den Himmel verrät und darüber, wie uns dieses Leben auf das nächste vorbereitet, doch meine Schlussfolgerung lautete: „Dieses System ist hirnrissig. Es muss einen besseren Weg geben. Das leuchtet mir einfach nicht ein." Ich legte mich auf die Couch, um mich etwas auszuruhen – eine bleiche, kahle Gestalt, die durch die Chemo körperlich geschwächt war und immer wieder unter Übelkeit litt. Emotional war ich von Furcht, Sorgen und Depressionen ausgelaugt, in meinem geistlichen Leben wurde ich von schmerzhaften, existenziellen Fragen kosmischen Ausmaßes bombardiert.

„Ich muss von Gott hören!", stöhnte ich. „Ich brauche

Antworten, die mein Leiden ein wenig mildern. Ich kann ja kaum meine eigenen Schmerzen ertragen, aber spüre auch noch den Schmerz von Menschen, die ich gar nicht kenne! Welche Erklärung hat Gott denn dafür, dass hier einfach so viel im Argen ist?"

Meine leidenschaftliche, aber leise Stimme verhallte. Elizabeth war weise genug, mich nicht mit Standardantworten abzuspeisen oder mich zu warnen, dass ich Gott keine Vorwürfe machen dürfe. Sie weinte mit mir, hielt meine Hand und bestätigte, dass sie meinen Schmerz nachvollziehen könne. Sie versicherte mir, dass meine Fragen berechtigt waren und dass ich genau das Richtige tat: in meinem Schmerz *zu* Gott zu rennen anstatt von ihm *weg*. Sanft sprach sie aus, wovon sie zutiefst überzeugt war: „Er ist gut. Ob du und ich das gerade erkennen können oder nicht, er ist gut."

Meine gequälte Seele bekam an diesem Tag keine Audienz bei Gott – wenigstens nicht in der Form, wie ich mir das gewünscht hatte. Doch Gott sprach durch die Stimme einer Freundin zu mir und erinnerte mich daran, wer er ist, dass sein Wesen unwandelbar ist, und an sein Versprechen, mich nie zu verlassen.

Das Leid zerstörte die Fassade meines bisherigen Glaubenslebens. Ich entdeckte auf einmal die Löcher, Ungereimtheiten und Schwachstellen in meiner Beziehung zu Gott, deren ich mir nicht bewusst gewesen war. Plötzlich stand ich vor einer Herausforderung: Ich behauptete, Gott zu lieben und ihm zu vertrauen, aber tat ich das wirklich? Ich *sagte* zwar, dass ich an einen liebenden Vater glaubte, aber glaubte ich das wirklich? Wie schnell wandte ich mich von ihm ab? Wie bald würde ich meinen Glauben über Bord werfen, wenn mein Glaube das eine sagte, mein Leben aber ganz anders aussah? Wie reagiere ich, wenn ich Schmerz, Kummer, Enttäuschung, Verrat, Unglück oder Verlust erlebe? Wird mein Glaube den Prüfungen standhalten? Ist mein Glaube überhaupt echt?

In der Bibel lesen wir, dass Schwierigkeiten und Prüfungen zeigen, aus welchem Holz unser Glaube geschnitzt ist. Es spielt keine Rolle, was wir *sagen*, dass wir glauben. Die Menschen in unserem Umfeld schauen aufmerksam zu und beurteilen die Echtheit unseres Glaubens anhand unserer Reaktion auf Leid:

„Betrachtet es als Grund zur Freude, wenn euer Glaube immer wieder hart auf die Probe gestellt wird. Denn durch solche Bewährungsproben wird euer Glaube fest und unerschütterlich. Bis zuletzt sollt ihr so unerschütterlich festbleiben, damit ihr in jeder Beziehung zu reifen Christen werdet und niemand euch etwas vorwerfen kann oder etwas an euch zu bemängeln hat" (Jakobus 1,2–4; Hfa).

Sengende Hitze und orkanartige Winde treten im Leben eines jeden auf. Niemand ist dagegen gefeit oder davon ausgenommen. Manchmal sehen wir es kommen – eine Sirene heult los und warnt uns, dass da etwas Unangenehmes auf uns zukommt. Ein andermal trifft es uns ohne Vorwarnung: Ehe wir uns versehen, zieht es uns den Boden unter den Füßen weg, und wir fragen uns benommen, was denn da passiert ist. In solchen Zeiten ist unser Glaubensleben den Elementen ausgesetzt und wir müssen uns fragen: „Woran halte ich mich fest?"

Ich bin keine Seglerin, aber ich liebe trotzdem die Metaphorik des Films „Master & Commander", der 2003 in die Kinos kam. In einem schweren Sturm bindet sich der Kapitän Jack Aubrey (gespielt von Russell Crowe) an den Schiffsmast, um nicht von den schweren Brechern über Bord gespült zu werden. Das Schiff wird hin- und hergeworfen, und obwohl die riesigen Wellen an ihm zerren, bleibt der Kapitän sicher an den Mast gebunden.

Viele Jahre bevor ich Krebs bekam, hatte ich mein Leben Gott anvertraut und zu ihm gesagt: „Ich gehöre dir, du kannst mit mir tun, was du möchtest. Ich weiß, dass ich nicht alles verstehen werde, und ich werde wahrscheinlich dauernd Fragen stellen, aber ich weiß, dass du mich liebst." Ich zurrte mich selbst am Mast fest, damit ich festen Halt habe, egal, wie stark die Winde auch blasen, wie heftig die See über mein kleines Schiff hereinbricht oder wie stark der Sturm sein mag, der mich vom Mast zu reißen droht. Der „Mast" meines Glaubens ist die felsenfeste Wahrheit: *Gott ist gut.*

Weil ich mir absolut sicher bin, dass Gott absolut zuverlässig ist – rein, unbefleckt, unverdorben, vollkommen und ohne auch nur eine Spur von Bösem –, kann ich mich ihm mit Haut und Haaren anvertrauen. Die Bibel spricht in dieser Hinsicht durch die Bank dieselbe Sprache und offenbart einen Gott, der zutiefst durch und durch gut ist. Der Psalmist ruft: „Der Herr ist gut und gerecht" (Psalm 25,8; LÜ). Ein Chor von Priestern singt: „Der Herr ist gut zu uns, seine Liebe hört niemals auf!" (2. Chronik 5,13; GN). Jesus sagt von seinem Vater: „Niemand ist gut als Gott allein" (Markus 10,18; LÜ).

Weil ich von dieser Wahrheit überzeugt bin, renne ich in meinem Schmerz zu ihm *hin*, nicht von ihm *weg*. Ich bin mir sicher, dass Gott Leid auch gebraucht, um mich zu prüfen und mich stärker zu machen, und deshalb kündige ich die Beziehung zu ihm nicht auf. Ich wünsche mir sehr, dass sich in meinen Reaktionen auf Schmerz mein Vertrauen in ihn zeigt. Auf diese Weise existieren Freud und Leid nebeneinander. Der Apostel Petrus gibt in dieser Hinsicht einen weisen Rat:

„Freut euch deshalb von Herzen! Vor euch liegt eine große Freude, auch wenn ihr für eine Weile viel erdulden müsst. Dies dient nur dazu, euren Glauben zu prüfen, damit sich zeigt, ob er wirklich stark und rein ist. Er wird erprobt, so wie Gold im Feuer geprüft

und geläutert wird – und euer Glaube ist Gott sehr viel kostbarer als bloßes Gold. Wenn euer Glaube also stark bleibt, nachdem er durch große Schwierigkeiten geprüft wurde, wird er euch viel Lob und Herrlichkeit und Ehre einbringen an dem Tag, an dem Jesus Christus der ganzen Welt offenbart werden wird" (1. Petrus 1,6–7; NL).

Krebs ist nicht gleich Krebs, und bei Brustkrebs wagt kein Arzt die Diagnose, dass man geheilt sei. Ärzte reden stattdessen von Remission, was so viel bedeutet, dass im Körper zwar kein Krebs mehr nachweisbar ist, es aber trotzdem nicht auszuschließen ist, dass ein paar Schurkenzellen der Operation, der Bestrahlung und der Chemotherapie entkommen sind und sich nun frei im Körper bewegen, um zu einem späteren Zeitpunkt wieder aufzutauchen. An diese Möglichkeit dachte ich mehr und mehr, als sich das Ende der Behandlung näherte, und meine Angst wuchs erneut. Die vielen „Was wäre, wenn" begannen, mich zu zermürben.

Der Abschnitt aus dem Buch Hiob, der mich zu Beginn der Behandlung wunderbar getröstet hatte, wurde mir auch jetzt wieder zum Rettungsseil. Ich fand Frieden in dem Gedanken, dass ich zwar nicht darüber bestimmen konnte, *wie lange* ich lebte, aber sehr wohl darüber, *wie* ich lebte. Ich sagte mir immer wieder: „Sorge dich um das, was du beeinflussen kannst. Alles andere lass Gottes Sorge sein." Ich kann nicht darüber bestimmen, wie viele Tage ich noch zu leben habe, doch ich kann über die *Qualität* der mir gegebenen Tage bestimmen. Ich wollte, dass mein schweres Leiden „Gold" – Charakter – hervorbrachte.

Ich habe beschlossen, nicht ständig mit einem Auge über die Schulter zu schielen, ob der Krebs mich einholt, sondern mich an jedem Tag zu freuen, der mir geschenkt wird. Gleichzeitig rechne ich nicht mehr selbstverständlich damit, dass ich ein langes Leben haben werde. Bei allem, was ich tue, empfinde ich eine gewisse Dringlichkeit. Es ist mir nur zu bewusst, wie zerbrechlich das Leben ist, wie kurz und wie wertvoll. Seither gehe ich bewusster mit meiner Zeit um. Ich bin leidenschaftlicher, koste die Süße eines Augenblicks stärker aus und bin mehr denn je davon überzeugt, dass ich aus einem bestimmten Grund hier auf der Erde bin. Ich will nicht eine Sekunde der mir gegebenen Zeit vergeuden.

Aber das Kapitel „Krebs" war noch nicht abgeschlossen.

Eineinhalb Jahre nach Beendigung der Brustkrebstherapie ließ ich einen verdächtig aussehenden Leberfleck entfernen. Ich erfuhr das Ergebnis während eines Familienurlaubs. Der Arzt sagte: „Es tut mir leid, Mrs Warren, es ist ein malignes Melanom. Wie es aussieht, ist es noch nicht sehr tief in die unteren Hautschichten eingedrungen, doch wir müssen das umgebende Gewebe in einem operativen Eingriff großflächig entfernen." Zum zweiten Mal im Leben hörte ich einen Arzt zu mir sagen, dass ich Krebs hätte. Er ging dazu über, mir vorzurechnen, wie groß rein statistisch die Wahrscheinlichkeit war, dass ich in zehn Jahren noch am Leben und krebsfrei sein würde.

Das kann einfach nicht wahr sein, dachte ich. Schon wieder *Krebs?* Mir drehte sich der Magen um, mein Herz schlug schneller und Erinnerungen an Übelkeit, Erbrechen, Kahlköpfigkeit und Erschöpfung schossen mir durch den Kopf. *Gott, ich kann das doch nicht noch einmal durchmachen. Bitte verschone mich davor!* Als das Telefonat beendet war, umringten mich meine Kinder und Rick und beteten für mich.

Nach der Rückkehr aus dem Urlaub stand mir erneut eine Operation bevor. Wir warteten besorgt auf den pathologischen Befund, der uns verraten würde, ob das Melanom gestreut hatte. Zu unserer gewaltigen Erleichterung hatte es das nicht. Dieses Mal verlor ich zwar keine Brust, trug aber eine zehn Zentimeter lange Narbe auf der Schulter davon und musste in den nächsten Jahren alle drei Monate zu einer ärztlichen Untersuchung. Ein zweites Mal Krebs zu haben bestärkte mich nur in dem Beschluss, sehr bewusst zu leben und keinen Moment zu vergeuden. Es war wie ein weiterer Fanfarenstoß, der mich dazu aufrief, in der Zeit, die Gott mir gibt, das zu tun, was er mir zu tun aufträgt.

Von Mitleid zu Mitgefühl

Meine erste Auslandsreise nach der Brustkrebstherapie führte mich im Sommer 2004 nach Thailand und Kambodscha. Ich war noch von den giftigen Chemikalien und der Bestrahlung geschwächt. Mein Haar hatte zwar wieder zu wachsen begonnen, doch es war so kraus und struppig, dass ich wie ein Pudel aussah! In den sechs Monaten davor hatte ich eine Perücke getragen, doch nun hatte ich beschlossen, diese zu Hause zu lassen, da mir das in der Sommerhitze Südostasiens praktischer erschien. Die Menschen starrten mich an. Mir war bewusst, wie seltsam ich aussah, vor allem an einem Ort, an dem viele Frauen langes, glänzendes Haar haben.

In Kambodscha führte man uns zu einem Haus aus Reet und Bambus, in dem eine aidskranke Frau im Sterben lag. Sie saß ein wenig aufgerichtet im Bett, umringt von Frauen aus ihrer Gemeinde, die sich um sie kümmerten. Durch eine Übersetzerin erzählte sie zögerlich, wie ihr Ehemann sie angesteckt hatte und später gestorben war. Sie sprach von etlichen Rückschlägen in ihrer Aidstherapie, einschließlich eines Medikaments, von dem sie Haarausfall bekommen hatte. Sie sah in die Gesichter der Frauen, die dichtgedrängt um sie herum saßen, und berichtete, wie jede von ihnen etwas Besonderes für sie getan hatte. Eine Frau hatte Blut gespendet, um etwas gegen die Anämie ihrer Freundin zu tun. Andere brachten sie ins Krankenhaus. Wieder eine andere brachte ihr Essen vorbei und kümmerte sich um die Kinder. Es war klar, dass diese Frauen – Schwestern im Leid – ihre stützenden Säulen in all dem Schmerz waren. Sie sprach von der spürbaren Gegenwart Gottes und dass sie nicht wüsste, wie sie dies alles ohne ihn durchstehen könnte.

Ich stand mit Elizabeth in dem drückend heißen Bambushaus und hatte eine Offenbarung. Der Schmerz der kambodschanischen Frau war mir vertraut; ihr Leiden war für mich nicht rein theoretischer Natur. Bei mir war ja auch eine lebensbedrohliche Krankheit diagnostiziert worden und ohne die medizinische Behandlung wäre ich letztendlich an Krebs gestorben. Von den starken Medikamenten hatte ich Haarausfall bekommen. Das „Heilmittel" hatte mich geschwächt und bei mir Übelkeit ausgelöst. Doch genau wie bei dieser kambodschanischen Frau waren es meine Beziehungen, die über Hoffnung und Verzweiflung entschieden. Auch ich hatte eine Beziehung zu Gott, der mir in dieser Situation nahe gewesen war. Auch ich hatte eine Familie und eine kleine Gruppe von Menschen, die ihr letztes Hemd für mich gaben. Es war eine andere Krankheit und ich lebte auf der anderen Seite der Erdkugel, aber ich konnte mich auf eine mir bis dahin unbekannte Weise mit einem anderen Leidenden identifizieren.

Plötzlich verstand ich.

Der Krebs hatte mich nicht nur viel über Leiden im Allgemeinen gelehrt; das Leiden wurde auch persönlich. Ich konnte jetzt mitfühlen – und zwar nicht nur mit den negativen Aspekten des Leidens wie der Angst vor dem Sterben, Behandlungen, bei denen es einem richtig dreckig geht, Narben, die nie mehr weggehen werden, und Depressionen, die alle Gefühle abzutöten scheinen. Ich konnte mich auch mit den segensreichen Aspekten identifizieren, die irgendwo im

Aufruhr des Leids verborgen liegen – dem „Gold", das es hervorbringt. Ich wusste jetzt, dass Gott der Einzige ist, auf den man sich hundertprozentig verlassen kann. Ich hatte gelernt, dass Gott vollkommen vertrauenswürdig ist, auch wenn ich vieles nicht verstehe. Ich entdeckte, dass er mir Menschen zur Seite stellte, die mir dabei halfen, die Last zu tragen. Ich hatte begriffen, wie kostbar das Leben in seiner Kürze und Zerbrechlichkeit ist und dass ich gut daran tue, es mit allen Sinnen und in seinem Sinne auszukosten. Diese Lektionen lernt man nur durch Schmerz. Und genau das offenbart Paulus auch den Gläubigen aus Korinth:

„Gepriesen sei Gott, der Vater von Jesus Christus, unserem Herrn. Er ist der Ursprung aller Barmherzigkeit und der Gott, der uns tröstet. In allen Schwierigkeiten tröstet er uns, damit wir andere trösten können. Wenn andere Menschen in Schwierigkeiten geraten, können wir ihnen den gleichen Trost spenden, wie Gott ihn uns geschenkt hat. Ihr dürft darauf vertrauen: Je mehr wir für Christus leiden, desto mehr lässt uns Gott durch Christus Trost zuteilwerden. Wenn wir also von Kummer und Sorgen niedergedrückt sind, so ist es zu eurem Besten und zu eurer Rettung! Denn Gott spricht uns Mut zu, damit wir euch ermutigen können. Dann könnt ihr geduldig das Gleiche ertragen, das auch wir durchmachen. Denn wir sind sicher, dass ihr zwar leiden müsst, aber auch von Gott getröstet werdet" (2. Korinther 1,3–7; NL).

In schweren Zeiten zu Gott laufen

In jeder Krise – ob es nun eine Krebsdiagnose, ein Arbeitsplatzverlust, eine Scheidung, ein Kind, das Ihre Werte ablehnt, das Ende einer Freundschaft ist – können wir in unserem Schmerz entweder zu Gott hinrennen oder von ihm weg. Wenn wir *zu* Gott rennen anstatt von ihm *weg*, dann werden wir auch den tiefen Trost erfahren, von dem Paulus spricht. Wenn wir zu ihm hinrennen, heißt das nicht, dass der Schmerz dadurch verschwinden oder eine verzwickte Situation plötzlich klar und eindeutig würde, aber unser Schmerz ist nicht länger sinnlos.

Der Sinn unseres Leidens liegt nicht immer sofort auf der Hand. Es kann Monate, Jahre oder sogar Jahrzehnte dauern, ehe wir erkennen können, wie Gott Kummer oder Leid dazu gebraucht, um zu seinem Ziel zu kommen. Doch er ist ja ein echter Fachmann, wenn es darum geht, aus etwas Schlechtem Gutes hervorzubringen, und das zeigt sich ganz deutlich im Leben meiner Freundin Dr. Susan Hillis.

Susan war eine vielbeschäftigte Frau. Sie arbeitete als Epidemiologin in einer Gesundheitsbehörde in Atlanta, Georgia, und hatte drei kleine Kinder: Cristi, elf, Jonny, neun, und Trevor, zwei Jahre alt. Einen Tag vor Jonnys zehntem Geburtstag machten Susan, ihr Mann und die Kinder eine Fahrradtour. Dabei wurde Jonny von einem Auto angefahren und starb noch an der Unfallstelle. Susan und ihr Mann Brian waren völlig am Boden zerstört.

Doch am darauffolgenden Tag sagte Cristi zu Susan: „Mutti, wir sollten ein Kind adoptieren."

Susan und Brian waren so in ihrer Trauer gefangen, dass sie nicht verstehen konnten, warum Cristi sie drängte, ein Kind zu adoptieren, wo Jonny doch noch nicht einmal unter der Erde war. Susan versuchte, Cristis Bemerkungen vom Tisch zu wischen, doch diese ließ nicht locker: „Mutti, ich glaube, Gott möchte, dass wir ein Kind adoptieren. Ich denke, du solltest mal mit ihm darüber sprechen."

Binnen eines Jahres stellte sich bei Susan und ihrem Mann das Gefühl ein, dass Cristi vielleicht recht hatte. Sie spürten, dass Gott ihr Herz für Kinder geöffnet hatte – vor allem für

Kinder, die ebenfalls Angehörige verloren hatten. Jonnys Tod ergab für sie ansatzweise Sinn.

Zunächst hatten sie vor, ein Waisenkind aus Lateinamerika zu adoptieren, da Susan und Brian beide fließend Spanisch sprechen, doch diese Tür blieb verschlossen. Eine andere Adoptionsbehörde schickte ihnen ein Video von zwei russischen Kindern, der achtjährigen Anya und dem siebenjährigen Alyosha. Susan und Brian waren überzeugt, Gott wollte, dass diese beiden Kinder in die Familie Hillis aufgenommen wurden. Im Laufe der folgenden sechs Jahre adoptierten Susan und Brian nicht nur Anya und Alyosha, sondern noch sechs weitere russische Waisenkinder, die jetzt in der Sicherheit, Geborgenheit und Liebe einer Familie leben. Ja, Sie haben richtig gezählt: Susan und Brian haben zehn Kinder.

Die meisten von uns hätten sicher Verständnis dafür gehabt, wenn Brian und Susan in ihrer unsäglichen Trauer um Jonny ihr Herz für weitere Kinder verschlossen hätten. Kinder seines Alters zu sehen streut doch nur Salz in ihre Wunden, argumentieren wir vielleicht. Doch sie vertrauten ihr Leben, ihre Kinder und ihre Zukunft vorbehaltlos Gott an. Sie rannten in ihrem Schmerz nicht vor ihm *weg*, sondern zu ihm *hin*. Indem sie ihre Herzen und ihr Zuhause für Kinder öffneten, die ihre Familie verloren hatten – so wie sie ein Familienmitglied verloren hatten –, erlaubten sie Gott, aus den Scherben einer scheinbar sinnlosen Tragödie etwas Neues zu machen. Susans und Brians Leid hat in ihrem Leben „Gold" hervorgebracht. Im Schmelztiegel ihres Kummers ist etwas unglaublich Wertvolles entstanden, etwas, das auf keinem anderen Wege entstanden wäre.

Wir alle hassen Kummer. Wir hassen das Leid, das ein Leben in einer zerbrochenen Welt mit sich bringt, die Schwierigkeiten, die uns in die Knie zwingen, die Tränen, die uns wie Sturzbäche über die Wangen strömen. Doch auf eine Weise, wie das nur bei Gott möglich ist, erhebt sich aus der Asche ganz allmählich ein veränderter Mensch. Männer, die zuvor nur für sich selbst gelebt haben, finden Befriedigung darin, für andere da zu sein. Frauen, die nach Perfektion strebten und nur so glücklich sein konnten, stellen fest, dass man sie heute schon mit sehr viel weniger zum Lächeln bringen kann. Menschen, die immer alles unter Kontrolle haben mussten, erfahren, dass Hingabe Frieden bringt. Menschen, die sich ihrer selbst sehr sicher waren und sich immer im Recht wähnten, werden freundlicher – sanfter, flexibler, nachgiebiger. Sie werden Jesus ähnlicher.

Auch für François Fénelon war Leid kein Fremdwort. Hatte er doch selbst wegen seines Glaubens viele Jahre der üblen Nachrede, der Verfolgung und sogar der Verbannung erlebt. Doch trotz all dessen zweifelte er nie daran, dass Gott sein Leiden dazu gebrauchte, um ihn Jesus ähnlicher zu machen:

„Ich staune, was Leiden hervorbringen kann. Sie und ich sind nichts ohne das Kreuz. Ich schreie vor Qual, wenn das Kreuz in mir am Werk ist, doch wenn es vorüber ist, schaue ich voller Verwunderung zurück und staune, was Gott erreicht hat. Natürlich schäme ich mich dann, dass ich mich so angestellt habe. Ich habe sehr viel aus meinem törichten Verhalten gelernt."[9]

Der Apostel Johannes erinnert uns daran, dass wir hier auf der Erde „viel Schweres erleben werden" (Johannes 16,33; NL). Wenn in diesem Leben eines so sicher ist wie das Amen in der Kirche, dann dies: Wir werden Schweres erleben. Es wird in tausend verschiedenen Formen auftreten, aber es trifft uns alle. Niemand bleibt davon verschont. Weil Adams und Evas rebellischer Entschluss, sich über Gottes Gebote hinwegzusetzen, dazu führte, dass auf diesem Planeten nichts mehr in Ordnung ist, trifft das Böse jeden Einzelnen von uns.

Nicht selten machen wir uns Sorgen um die Zukunft und versuchen, uns auszurechnen, auf welchem Weg uns das Böse treffen könnte. Ich muss gestehen, dass auch ich in dieser Hinsicht oft auf dem Holzweg bin. Ich bilde mir ein, ich könnte bestimmte schlimme Dinge verhindern, indem ich mich weigere, Gott alles anzuvertrauen. Ich hatte immer Angst davor, völlige Hingabe würde bedeuten, dass mein Mann oder meine Kinder sterben würden. Vor Jahren hörte ich einen Vortrag von Beth Moore, in dem sie von unserer Neigung sprach, Gott gewisse Bereiche unseres Lebens vorzuenthalten, weil wir uns vor dem fürchten, was er dann von uns verlangen könnte. „Das Böse kommt, weil es kommt. Doch diejenigen unter uns, die Gott nichts vorenthalten haben, werden feststellen, dass sie auch nichts von Gott trennt, wenn das Böse kommt." Sie wies darauf hin, dass derjenige, der bei Schwierigkeiten vor Gott davonrennt, Furcht, Sorge, Verwirrung, Panik und Einsamkeit erleben wird. Wer sich dagegen in seinen Schwierigkeiten zu Gott flüchtet, findet dort Trost, Barmherzigkeit, Führung und Kraft zum Durchhalten.

Zwei Ausbrüche von Krebs drohten den Träumen, die ich für mein Leben hatte, den Garaus zu machen. Träume, von denen ich glaubte, dass Gott sie mir gegeben hatte. Die Sorgen um meine Gesundheit, so schlimm sie auch waren, zwangen mich, meine wahre Haltung zu Gott unter die Lupe zu nehmen, und halfen mir, meinen Glauben ein für alle Mal von äußeren Umständen unabhängig zu machen. Viele Tage hatte ich das Gefühl, als flöge ich blind: Ich konnte Gott nicht sehen, war mir aber sicher, dass er alles unter Kontrolle hatte und dass er *gut* war.

Sie stehen vielleicht gerade auf der Sonnenseite des Lebens. Vielleicht wird Krebs nie an Ihre Tür klopfen, nie Ihre Gesundheit angreifen. Vielleicht werden Sie nie eine Tragödie erleben, die Sie oder Ihre Lieben in ein schwarzes Loch fallen zu lassen droht. Doch irgendwann werden auch die Träume, die Sie für Ihr Leben haben, von *irgendetwas* bedroht werden. Ihr Glaube an die Güte Gottes *wird* einer Prüfung unterzogen werden. Was werden Sie tun, wenn alles Gute in Ihrem Leben scheinbar zu Staub und Asche geworden ist? Es wird der Zeitpunkt kommen, an dem Sie versucht sein werden, Gott den Rücken zuzukehren, weil Sie von ihm die Nase voll haben. Weil es so aussieht, als hätte Gott Ihnen etwas Wunderbares in Aussicht gestellt, nur um es Ihnen gleich wieder zu entreißen – Achtung, fertig, halt! Was werden Sie dann tun? Denken Sie daran: Aus welchem Holz unser Glaube geschnitzt ist, zeigt sich erst, wenn er auf dem Prüfstand steht. Wenn Sie durch Leiden am eigenen Leib gelernt haben, dass Gott gut und vertrauenswürdig ist, dann können Sie auch anderen in ihrem Leid beistehen.

Hingabe

Werden Sie die Forderung aufgeben, dass Gott Ihr Leben nach Ihren Vorstellungen gestalten muss?

Gebet

Vater im Himmel, ich bekenne, dass ich schnell versucht bin, vor dir davonzulaufen, wenn es mir schlecht geht. In meinem Frust und Ärger frage ich mich dann, ob du es wirklich gut mit mir meinst. Vergib mir meine Erwartungshaltung, dass mein Leben frei von Schmerz und Mühsal zu sein habe. Ich möchte dir heute mein gebrochenes Herz, meinen gebrochenen Geist und meinen gebrochenen Körper bringen – ich komme zu dir gerannt. Bitte tröste mich. Ich möchte mein Leiden nicht länger vergeuden. Bitte gebrauche die Schmelztiegel schwerer Zeiten, um in meinem Leben „Gold" hervorzubringen, damit all das, was die Reinheit meiner Liebe zu dir trübt, entfernt wird. Hilf mir heute, das zu leben, was ich zu glauben behaupte.

Praktische Schritte

❶ Hatten Sie schon einmal ein „Achtung, fertig, halt!"-Erlebnis? Schreiben Sie auf, wie Sie darauf reagierten. Wenn Sie sich mit einem Lesepartner treffen, dann tauschen Sie sich bei Ihrem nächsten Treffen über diese Erfahrung aus.

❷ Lernen Sie Psalm 118,1 auswendig.

Kapitel 5

Unrecht aufdecken

„Schlechte Menschen können nicht einschlafen, wenn sie nicht vorher etwas angestellt haben. Sie finden erst Ruhe, wenn sie jemand zu Schaden gebracht haben. Unrecht ist ihr tägliches Brot und Gewalttätigkeit der Wein, an dem sie sich berauschen" (Sprüche 4,16–17; GN).

„Die größte Schwierigkeit beim Kampf gegen Unrecht besteht vielleicht darin, sich überhaupt dazu aufzuraffen" (Gary Haugen: *Terrify No More*).

Die „Straße der kleinen Blumen" war so schmal, dass das Auto kaum hindurchpasste. Eine Straßenseite war von winzigen Cafés gesäumt, in denen Männer saßen, die augenscheinlich aus dem Westen kamen und mit zierlichen kambodschanischen Frauen mittleren Alters Bier tranken. Sie betrachteten das Auto argwöhnisch und unterbrachen ihre Unterhaltung, um zu gucken, wer da in diesem Teil der Stadt mit dem Auto unterwegs war. Auf der anderen Seite der engen Straße standen baufällige Verschläge eng nebeneinander, deren Metalltüren mit Vorhängeschlössern verrammelt waren. Ich bekam vor Grauen eine Gänsehaut, da ich wusste, dass hinter diesen verrammelten Türen kleine Mädchen hockten – einige von ihnen nicht älter als fünf oder sechs Jahre alt –, die den Männern in den Cafés bei Einbruch der Dunkelheit als Sexpartner angeboten werden würden. Man hatte uns gesagt, dass ein Mädchen wertvoller ist, je jünger es ist. Jungfrauen werden in dieser Welt sexueller Perversion hochgeschätzt. Für lumpige 300 Dollar kann ein Mann eine dieser Kleinen „kaufen", sie bis zu eine Woche lang in ein Hotel mitnehmen, mit ihr tun und lassen, wie es ihm beliebt, und sie anschließend wieder in dem Bordell abgeben, in dem er sie gefunden hat.

So sieht das Böse aus, das unbeschreibliche Böse.

Sein Gesicht war schmerzverzerrt, die sanften Worte bahnten sich ihren Weg durch einen Hals, der vor Anstrengung, die Tränen zurückzuhalten, wie zugeschnürt war. Bischof John sprach von seiner kleinen Nichte. Diese wurde irgendwann 1994, als Ruanda unter dem hundert Tage dauernden Völkermord erschauerte und Familien, Nachbarn und Freunde übereinanderherfielen, vergewaltigt und verprügelt. Als hätten sie nicht schon genug Böses getan, schälten ihr ihre Peiniger auch noch die Haut bis zu den Ellbogen ab, sodass Muskeln und Sehnen zum Vorschein kamen. Doch damit nicht genug. Von loderndem Hass getrieben, brachten die Folterer ihre Todesschreie zum Verstummen, indem sie dem Mädchen den Kopf abhackten.

So sieht das Böse aus, das unbeschreibliche Böse.

In Teul Slang, einer baufälligen ehemaligen Schule im kambodschanischen Phnom Penh, ging ich von einem Verhörzimmer ins nächste, von Gefängniszelle zu Gefängniszelle und gelangte schließlich in einen Raum, in dem in einer Glasvitrine sorgsam gestapelt weiße Schädel lagerten. Schwarzweißfotografien der Gesichter von Männern, Frauen und Kindern säumten die Wände. Es hatte den Entführern ein makabres Vergnügen bereitet, ihre Opfer zu fotografieren, ehe sie diese abschlachteten. Auf großen Wandbildern, die sich mir ins Gedächtnis eingebrannt haben, waren entsetzliche Tötungsmethoden zu sehen. Ein Bild zeigte eine Mutter, die auf der Erde lag und versuchte, einem hämisch blickenden Soldaten ihr Baby zu entreißen. Dieser schwang den Säugling gegen einen Baumstamm wie der Schlagmann beim Baseball den Schläger. Filmclips stellten die Grausamkeiten nach. Andere Ausstellungsstücke erzählten von der massenhaften Indoktrinierung von Kindern und Jugendlichen, die zu Verrätern ihrer Eltern, Tanten, Onkel, Geschwister und Nachbarn gemacht wurden. Aus der Liebe und Loyalität zur Familie wurde so die Loyalität gegenüber einem brutalen Regime. Millionen wurden umgebracht und ein Land verletzt und verheert, für immer gebrandmarkt vom Vermächtnis des Völkermords.

So sieht das Böse aus, das unbeschreibliche Böse.

An einem wunderschönen Frühlingsmorgen im Jahr 2007 ließ ein geisteskranker Amokschütze seine Wut, seinen Frust und seinen Hass an nichtsahnenden Kommilitonen der Virginia Tech University aus. Ohne erkennbare Emotionen ging er ruhig und methodisch in die Seminarräume und durchlöcherte die Körper von Fremden und Freunden mit Kugeln, wobei er viel häufiger schoss, als nötig gewesen wäre, um sie zu töten. Innerhalb weniger Minuten waren wenigstens 15 Menschen verwundet und 33 andere (27 Studenten, 5 Professoren und der Amokschütze) waren auf schreckliche, unerklärliche Weise tot.

So sieht das Böse aus, das unbeschreibliche Böse.

Das Atmen fällt mir schwer, während ich diese Sätze tippe. Meine Brust scheint in einem Schraubstock zu klemmen, und ich seufze tief, während ich unter Tränen versuche, diese Schrecken in Worte zu fassen. Ich schüttle den Kopf, als ob ich dadurch die grässlichen Bilder abschütteln könnte. Was gäbe ich darum, dass diese Geschichten erfunden oder übertrieben wären, um etwas zu illustrieren. Was gäbe ich darum, dass es sich bei diesen Beispielen des Bösen um vereinzelte Vorfälle handelte – um Anomalien in einer ansonsten idyllischen Welt, wo Güte, Freundlichkeit und brüderliche Liebe herrschen. Was gäbe ich darum, ich könnte einfach weiterzappen und alles verschwinden lassen – so wie ich es tue, wenn ich im Fernsehen die erschütternden Bilder von Kindern mit Blähbäuchen sehe.

Doch das Böse ist real, und es muss aufgedeckt, bekämpft und aufgehalten werden.

Gott möchte uns nicht nur durch das Leid, das wir sehen, aufrütteln, er möchte uns auch die Augen für das Böse öffnen, das sich hinter dem Leiden verbirgt. Sie mögen versucht sein, dieses Kapitel zu überspringen und sich an die erbaulicheren, positiveren Teile dieses Buches zu halten. Ich habe Verständnis dafür, wenn man den erschütternden Geschichten, die ich erzählt habe, entkommen möchte. Leugnen ist eine gottgegebene psychologische Reaktion, die uns schützt, wenn wir die Wirklichkeit nicht länger ertragen können, dennoch ist sie nur als kurzfristiges Hilfsmittel gedacht. Leugnen sollte nicht zur Gewohnheit, zu einem Lebensstil werden. Doch leider ist es für viele von uns schon zur Gewohnheit geworden, die Realität, Perversität und das Ausmaß des Bösen in unserer Welt zu leugnen.

Wer von uns in einem wohlhabenden Land lebt, kann sich den Luxus leisten, so zu tun, als sei das Leben im Großen und Ganzen doch eigentlich ganz in Ordnung. Sicher, jeder hat so seine Probleme und Schwierigkeiten, doch nur wenige von uns begegnen regelmäßig dem abgrundtiefen Bösen. Für die Mitarbeiter bei der Polizei, den Sozialämtern und Gefängnissen mag die hässliche Schattenseite der Menschheit zum täglichen Anblick gehören, doch wir anderen leben ungeniert in seliger Ignoranz dessen, was das unbekämpfte Böse Tag für Tag auf unserem Planeten anrichtet. Und werden wir dann doch einmal mit dem Bösen konfrontiert, dann sind wir überrumpelt, ja, schockiert und entsetzt, dass dieses fürchterliche *Etwas* in unser Leben eingedrungen ist, als ginge uns das doch *eigentlich* gar nichts an.

Ich war ebenfalls geschockt, aber es hätte mich nicht so überraschen dürfen, als ich zum ersten Mal das Böse sah, von dem ich Ihnen erzählt habe. Die Bibel nimmt kein Blatt vor den Mund, wenn sie vom Bösen spricht, das in der von Gott abgefallenen Menschheit lauert. Sie beschreibt die Verdorbenheit, die wir von Adam und Eva geerbt haben, sehr anschaulich und bedrückend:

„Der Herr sah, dass die Menschen auf der Erde völlig verdorben waren. Alles, was aus ihrem Herzen kam, ihr ganzes Denken und Planen, war durch und durch böse" (1. Mose 6,5; GN).

„Nur Narren sagen sich: ‚Es gibt keinen Gott.' Sie sind durch und durch schlecht und ihre Taten sind böse. Es gibt keinen, der Gutes tut! Der Herr sieht vom Himmel herab auf die Menschen, um zu sehen, ob es wenigstens einen einzigen gibt, der klug ist und nach Gott fragt. Aber sie haben sich alle von Gott abgewandt und sind nun alle verdorben. Es gibt keinen, der Gutes tut, nicht einmal einen!" (Psalm 14,1–3; NL).

„Es ist schlimm, dass jeden hier auf dieser Erde das gleiche Schicksal trifft; auch dass das Herz des Menschen durch und durch böse ist und dass sein Herz erfüllt ist von Unverständnis, solange er lebt. Und am Ende müssen alle sterben" (Prediger 9,3; NL).

„Nichts auf dieser Welt ist so hinterhältig und verschlagen wie das Herz des Menschen. Wer kann es durchschauen?" (Jeremia 17,9; NL).

Als wir in Kambodscha durch die „Straße der kleinen Blumen" fuhren, drang die Realität des Bösen von allen Seiten auf uns ein. Elizabeth, ihr Sohn Peter, mein Sohn Matthew und ein junges Ehepaar aus unserer Gemeinde hatten mich nach Thailand und Kambodscha begleitet. Nun verspürten wir eine Mischung aus Schock, Übelkeit und Wut. Wer würde kleinen Mädchen mit Absicht etwas so Schreckliches antun? Was für Männer und Frauen boten da den Körper von Kindern feil, die gegen ihren Willen festgehalten wurden? Was bringt Männer dazu, um die halbe Welt zu reisen, um ihre Gelüste auf Kosten der Unschuld und der Gesundheit eines Kindes zu befriedigen?

In meiner Empörung wurde ich in Gedanken regelrecht handgreiflich. Ich wollte die Männer, die dort wie Geier warteten, *verletzen*. Ich wollte sie auf brutale Weise kastrieren, um sie für das Leid, das sie anderen zufügten, büßen zu lassen. Gleichzeitig wünschte ich mir, ich wäre eine Heldin aus einem Comic und könnte die verrammelten Türen einfach aufbrechen, die gefangenen Kinder auf einen Schlag befreien und sie anschließend in liebevollen Familien unterbringen.

Was konnte ich schon gegen ein solch himmelschreiendes Unrecht ausrichten? Ich war doch nur eine gewöhnliche Frau.

So schwer es Bischof John fiel, vom Tod seiner Nichte zu erzählen, so gerne hätte ich mir die Finger in die Ohren gesteckt und laut „Lalalalalala – ich kann Sie nicht hören" geträllert. Die Nichte von Bischof John war nur eine von einer Million, die im Völkermord von Ruanda umgebracht worden waren. Ihr Tod war kaum brutaler als der ihrer Nachbarn, ihrer Freunde und ihrer Schulkameraden. In Ruanda fand der Genozid an zahllosen Orten statt, darunter auch viele Kirchen, in die sich die Verfolgten flüchteten, nur um festzustellen, dass ihre „Beschützer" ihre Verräter waren. Die Backsteinmauern sind noch immer mit Blut befleckt. Die Massengräber werden heute mit Zement bedeckt, aber noch immer stößt man in Latrinen, Brunnen und anderen Verstecken auf mumifizierte Leichen. Das Böse ließ niemanden unversehrt, als es das wunderschöne Land der tausend Hügel heimsuchte.

Was ich in Teul Slang sah, rief noch stärkere Gefühle der Hilf- und Machtlosigkeit gegenüber etwas hervor, das in seiner schieren Bösartigkeit nahezu unbegreiflich war. Aufgewühlt, geschockt, entsetzt und von einer bleiernen Traurigkeit erfüllt, war keinem von uns sechsen zum Reden zumute, als wir zu unserem Hotel zurückfuhren. Was kann man auch sagen, wenn man soeben Zeuge der Bösartigkeit wurde, zu der Menschen fähig sind? Wie soll man überhaupt Worte finden, die das, was wir sahen, plastisch genug beschreiben? Ich ging wie betäubt auf mein Zimmer, ohne irgendetwas richtig wahrzunehmen. Vor meinem geistigen Auge sah ich immer wieder die Gräueltaten in jenem Gefängnis, die trostlosen Zellen, die Folterinstrumente, die Schädel, die dem Untergang geweihten Gesichter auf den Fotos. Ich konnte die Schreie, das Weinen und die unbeachteten Rufe um Gnade förmlich hören. Ich wollte einfach nur fort von diesem Ort, an dem das schiere Böse gewütet hatte.

Nach einer gewissen Zeit aber stumpft man gegen Unrecht ab. Herz und Verstand, die nur eine begrenzte Aufnahmekapazität haben, machen dicht.

Umschalten

Was sollen wir gegen das Unrecht tun, was will Gott von uns? Kann denn ein einzelner Mensch überhaupt etwas tun? Ich kann Ihnen sagen, was Gott *nicht* will: dass wir das Unrecht ignorieren, seine Existenz leugnen, Herz und Verstand davor verschließen oder hoffen, es würde schon von selbst verschwinden. Er möchte nicht, dass wir Unrecht beschönigen, kleinreden, uns damit arrangieren, es stehen lassen, Gründe dafür finden, es entschuldigen oder ihm einen anderen Namen geben. Aus Gottes Sicht sind solche Verhaltensweisen ebenso bösartig, wie Unrecht zu billigen, sich daran zu beteiligen oder es gar zu begrüßen.

Das Böse wird nicht von alleine verschwinden. Es wird mit jedem Tag nur heimtückischer. Es greift auf das Gute über und verfolgt dabei nur ein Ziel: die Beherrschung und Auslöschung des Guten.

Das Konzept von Gut und Böse entspricht nicht dem Zeitgeist, und deshalb wird manchmal darüber gespottet, man macht sich darüber lustig, belächelt oder ignoriert es. Wer die Welt in diese Kategorien einteilt, läuft Gefahr, als Sensationsheischer oder Moralapostel abgestempelt zu werden. Der Glaube an einen kosmischen Kampf zwischen Gut und Böse wird in gewissen Kreisen belächelt und oft mit einer wegwerfenden Handbewegung und einem herablassenden Lächeln quittiert. Doch ich kann nicht über das Böse und die dazugehörige Finsternis sprechen, ohne Begriffe wie „Kampf", „Schlacht", „Krieg", „Waffen" und „Sieg" zu verwenden. Manchen Leuten wird dabei unbehaglich zumute. Ich weiß aber nicht, wie man sonst darüber reden sollte. Wenn Sie nicht glauben, dass hier ein Kampf stattfindet, dann nehmen Sie sich heute Abend mal die Zeitung vor, und überfliegen Sie die Headlines (oder, noch besser, lesen Sie alle blutigen Details).

Vielleicht überrascht es Sie, in einem Buch über Hingabe eine Auseinandersetzung mit dem Bösen zu finden. Vielleicht fragen Sie sich gerade: „Was hat das Unrecht auf der Welt mit meiner persönlichen Entscheidung zu tun, mich auf Gott und seine Berufung für mein Leben einzulassen?" Wie Sie noch sehen werden, können wir uns Gott gar nicht vorbehaltlos hingeben, solange wir die Realität des Bösen noch leugnen und uns gegen Gottes Auftrag sträuben, Unrecht aufzudecken und sich ihm entgegenzustellen.

Das Böse ist real – genau wie die Person dahinter. Ich liebe die Originaltrilogie der *Star-Wars*-Filme und habe sie mir bestimmt ein Dutzend Mal zusammen mit meinem Sohn Matthew angeschaut. Doch das Böse ist nicht die dunkle Seite eines Energiefelds, das eine gute und böse Seite hat. Das Böse ist keine unpersönliche Macht, die durch das Universum wabert. Das Böse geht auf ein rebellisches Wesen zurück, das versuchte, Gottes rechtmäßigen Platz einzunehmen; die Bibel nennt es Satan oder den Bösen. Als Gott ihn aus dem Himmel warf, nahm Satan ein Drittel der Engel mit sich, um in unserer Welt verheerenden Schaden anzurichten. Gemeinsam sind sie hier eingedrungen mit dem Ziel, alles zu vernichten, was ihnen unterkommt. Dabei verfolgen sie einen sehr wörtlichen „Macht keine Gefangenen"-Ansatz. Die Bibel macht deutlich, dass unser Kampf gegen das Böse ein kosmischer geistlicher Kampf ist: „Denn wir kämpfen nicht gegen Menschen, sondern gegen Mächte und Gewalten des Bösen, die über diese gottlose Welt herrschen und im Unsichtbaren ihr unheilvolles Wesen treiben" (Epheser 6,12; Hfa).

Das Böse ist sehr persönlich – es ist garstig, boshaft, ekelerregend und abscheulich, es ist unfassbar grausam. Es sprengt den Verstand, es erschüttert die Seele und bricht das Herz. Es ist *real* und es muss als solches erkannt und konfrontiert werden – und zwar nicht nur von einigen wenigen, sondern von allen.

Vielleicht haben Sie es bisher vorgezogen, sich mit dem Bösen auf die Art und Weise auseinanderzusetzen, wie ich das die meiste Zeit meines Lebens getan habe: einfach umschalten. Es gefällt Ihnen nicht, was Sie auf einem bestimmten

Fernsehsender sehen? *Zapp!* – schalten Sie um. Sie finden die Nachrichten zu deprimierend? *Zapp!* Krieg und Tod und Verletzte und Tote? *Zapp!* Sie ertragen es nicht, noch ein weiteres zum Skelett abgemagertes, hungerndes Kind zu sehen? *Zapp!* Schon wieder ein Spendenaufruf von einer Hilfsorganisation? *Zapp!* Ah, da kommt mal was, das mir gefällt: wie die reichen Hollywoodstars ihr Geld für Gedöns, Geklüngel, Gepränge und Gelage ausgeben. Oder dies hier ist vielleicht noch besser – eine Realityshow! Und welcher narzisstische Möchtegernsänger wird wohl heute Abend gedemütigt werden? Oder mein persönlicher Favorit: Welche verzweifelte Hausfrau schafft es, ihre Nachbarin im Geldausgeben, im Trinken, im Partyfeiern, im Hausverschönern und in der Anzahl der Schönheitsoperationen zu übertreffen? Jetzt reden wir endlich von *qualitativ hochwertiger* Unterhaltung!

Ist das die Wirklichkeit? Wohl kaum.

Könnte es sein, dass wir eine verfälschte Wirklichkeit erschaffen haben, um bloß nicht zu oft über die tatsächliche Wirklichkeit nachdenken zu müssen? Verstehen Sie mich nicht falsch: Ich sehe ebenso gern fern wie jeder andere, doch irgendetwas läuft da schief. Wenn wir die Wirklichkeit ausblenden, sie nicht wahrnehmen und uns nicht informieren, dann vergessen wir leicht, dass das Böse eine feste Größe in unserem Leben ist. Dann werden wir aufhören, es aufzudecken und dagegen anzugehen, was es dem Bösen wiederum erlaubt, sich noch fester in die dunklen Ecken unserer Städte, unserer Institutionen, unserer Gesellschaft und sogar in unser Leben einzunisten.

Ich kann all das Unrecht nicht länger ignorieren. Ich kann es mir nicht einfach auf diesem Planeten gemütlich einrichten, munter mein bequemes Leben leben und ignorieren, wie Menschen verführt und vernichtet werden. Ich kann nicht so tun, als würden heute *keine* kleinen Mädchen an Männer verkauft, die ihre zerbrechlichen Körper und empfindsamen Seelen verletzen. Ich kann nicht so tun, als lebten Millionen nicht elendig in Flüchtlingslagern, nur ein Ziel vor Augen: einen weiteren Tag zu überleben. Ich kann nicht so tun, als würden nicht jeden Tag Frauen vergewaltigt und misshandelt. Ich kann nicht so tun, als würden Männer und Frauen nicht verschleppt, ihrer Würde beraubt, zum Vergnügen ihrer Peiniger gedemütigt, grausam gefoltert und um ihres Glaubens willen umgebracht. Ich kann nicht so tun, als würden nicht Millionen Menschen von ihrem Grund und Boden vertrieben, um ihre Rechte, um ihren Besitz und ihr rechtmäßiges Geld betrogen. Würden wir versuchen, jedes Unrecht aufzulisten, das rund um die Uhr an jedem Tag des Jahres geschieht, die Liste wäre wahrlich endlos.

Ich habe das Umschalten so satt.

Und wenn Sie sich auf Gott einlassen wollen, dann sollten Sie es ebenfalls satthaben. Gott trägt uns unzweideutig auf, alles Unrecht aufzudecken und ihm die Stirn zu bieten, in welcher Form auch immer wir ihm begegnen. Lesen Sie, wie die Bibel unsere Verantwortung diesbezüglich beschreibt:

„Beteiligt euch nicht an dem finsteren Treiben, das keine Frucht hervorbringt. Im Gegenteil, deckt es auf! […] Wenn es aber vom Licht, das ihr ausstrahlt, aufgedeckt wird, kommt es ans Licht" (Epheser 5,11.13; GN).

Wenn man einen großen Stein aufhebt, findet man darunter nicht selten seltsame, hässliche Käfer. Dem Sonnenlicht ausgesetzt, krabbeln sie nach allen Seiten davon und suchen Schutz unter einem anderen Stein. Genau das sollen wir in unserer Welt tun: die Taten des Bösen dem Licht der Gerechtigkeit und Heiligkeit Gottes aussetzen. Ja, einige Übeltäter werden entwischen und ihre Verbrechen nur umso geschickter tarnen und verbergen, doch wir müssen alles in unserer Macht Stehende tun, um die Finsternis, wo sie auch ist, zurückzudrängen.

Die Finsternis zurückdrängen

Die „Der Herr der Ringe"-Saga von J. R. R. Tolkien beschreibt den epischen Kampf zwischen Gut und Böse. Im dritten Teil, „Die Rückkehr des Königs", kämpfen die tapferen Hobbits, Elfen, Zwerge und Menschen gegen Sauron und seine teuflischen Geschöpfe. Jede kriegerische Begegnung stellt den Versuch dar, die eindringende Dunkelheit zurückzuschlagen. Die Kämpfer des Guten haben verstanden, dass alles verloren wäre, gäben sie den Kampf auf – nicht nur für sie selbst, sondern auch für die Welt und das Leben in seiner bisherigen Form.

Die meisten von uns wollen sich mit derart finsteren Gedanken gar nicht erst abgeben. Wir reden uns ein, dass es mit dem Unrecht doch gar nicht *so* schlimm sei. Wir verschwenden keinen Gedanken an das Böse, bis wir ihm selbst begegnen oder bis wir beschließen, uns nicht länger unerlaubt von der Truppe zu entfernen. Dies ist ein tragischer Makel unserer Gesellschaft.

Zu den heldenhaftesten Menschen, die ich kenne, gehören solche, die sich eifrig darum bemühen, Unrecht aufzudecken, sich ihm entgegenzustellen und alles zu tun, um die Finsternis zurückzudrängen. Ich möchte Ihnen ein paar von ihnen kurz vorstellen:

• Es sind Menschen wie mein Freund Gary Haugen von der *International Justice Mission*, die mich dazu anspornen, meinen Beitrag zu leisten. Gary gehörte zum Ausschuss der Vereinten Nationen, der den Völkermord in Ruanda von

1994 untersuchte. Heute ist er Leiter der IJM und hilft Staaten, ihre eigenen Gesetze durchzusetzen – Gesetze gegen Sklaverei, Kinderprostitution, Landraub und Freiheitsberaubung. Als gelernter Anwalt setzt Gary sich so für unzählige Menschen ein.

• Meine junge Freundin Beth Waterman und andere Mitarbeiterinnen von *Word Made Flesh* leben unter den Prostituierten von Kalkutta und Chennai in Indien. Sie helfen den Frauen, ein sinnvolles Leben und Arbeit außerhalb der Bordelle zu finden. Dass Beth unter Frauen lebt, die selbst kaum Hoffnung auf ein besseres Leben haben, ist mir zum Vorbild für wahre Selbstaufopferung geworden.

• Pastor Stratton Gataha in Kigali, Ruanda, kümmert sich persönlich um die HIV-Infizierten in seiner Gemeinde und hat Kinder adoptiert, die ihre Eltern durch Aids oder den Völkermord von 1994 verloren haben. Pastor Gataha und seine Frau Adeline befolgen das biblische Gebot, sich als Beweis für die Wahrhaftigkeit ihres Glaubens um Waisen zu kümmern. Sie leben nicht in Wohlstand mit vielen Annehmlichkeiten, doch ihr Gehorsam erfüllt sie mit Freude.

• Als Dan und Kathleen Hamer sich den Traum erfüllten, nach Afrika zu reisen, entdeckten sie, dass Gott mehr vorhatte, als sie sich vorgestellt hatten. Sie legten die Arme um ein fünfjähriges Straßenkind namens Derrik aus Kitale in Kenia und fühlten sich augenblicklich mit ihm verbunden. Letzten Endes adoptierten sie nicht nur Derrik, sondern auch dessen jüngeren Bruder Reggie, der ebenfalls auf der Straße lebte. Man spürt ihnen ab, wie nahe es ihnen geht, wenn sie darüber reden, wie tragisch es ist, dass Millionen Kinder gezwungen sind, sich alleine auf den Straßen der Weltstädte durchzuschlagen. Sie werden nicht eher ruhen, bis sich auch andere der Not dieser verlassenen Kinder annehmen.

- Heather und Scott Raines haben drei besonders pflegebedürftige Kinder aus unterschiedlichen Nationen adoptiert – Kinder, die ganz unten auf der sozialen Leiter stehen. Ihre Adoptivkinder sind allein zum Überleben auf ständige medizinische Pflege und Behandlung angewiesen, doch das stolze Lächeln auf Heathers Gesicht, jedes Mal, wenn sie mir wieder eines ihrer Kleinen vorstellte, berührte mich tief. Sie liebt diese Babys so innig, als wären sie ihr eigen Fleisch und Blut. Die liebenden Arme von Heather und Scott drängen die Finsternis zurück.

- Ich bin ermutigt durch Initiativen von Politikern wie Senator Sam Brownback und Hilfsorganisationen wie *World Vision*, die sich für schutzlose Kinder starkmachen, indem sie sich zusammentun und Lobbyarbeit für Gesetze betreiben, die es ermöglichen, US-Bürger für im Ausland begangene Sexualverbrechen in den USA zur Rechenschaft zu ziehen. An Kindern begangene Sexualverbrechen sind etwas ganz Abscheuliches und müssen bestraft werden. Jahrelang konnten sich die Verbrecher zu Hause vor Strafverfolgung in Sicherheit wähnen, doch jetzt, dank der unermüdlichen Bemühungen von Senator Brownback und *World Vision*, ist es für die Übeltäter schwerer geworden, den Gesetzeshütern zu entgehen.

- Ich habe großen Respekt vor den Mitgliedern der *Bennett Chapel Missionary Baptist Church* in Shelbyville, Texas. In der kleinen Gemeinde mit 200 Mitgliedern haben 26 Familien insgesamt 70 vom Jugendamt vermittelte Kinder adoptiert, von denen viele körperliche oder emotionale Probleme haben. Diese Familien sind nicht etwa wohlhabend, und sie tun es nicht, weil das gerade *in* ist. Pastor W. C. Martin und seine Frau Donna wiesen schlicht auf den biblischen Auftrag hin, sich um Waisenkinder zu kümmern, und gingen selbst mit gutem Beispiel voran, indem sie drei schwer vermittelbare Kinder adoptierten. Auf diese Weise ermutigten sie andere, sich um solche vergessenen Kinder zu kümmern. Wenn schon das winzige Shelbyville in Texas die Finsternis zurückdrängen kann, dann können wir das auch.

All diese Einzelpersonen, Organisationen und Gemeinden tun, was in ihrer Macht steht, um die Finsternis zurückzudrängen. Sie schalten nicht länger um, sondern akzeptieren die Realität des Bösen und setzen die ihnen zur Verfügung stehenden Mittel ein, um etwas dagegen zu unternehmen. Sie nennen das Unrecht beim Namen, decken es auf, leisten ihm Widerstand und versuchen, ihm ein Ende zu bereiten.

Die schlechte Nachricht lautet, dass das Böse real ist und alles durchdringt. Es hat es auf Sie abgesehen; es verfolgt Sie. Doch lassen Sie sich davon keine Angst einjagen – so sieht eben die Wirklichkeit in einer von Satan und seinen Anhängern belagerten Welt aus.

Die gute Nachricht lautet, dass das Böse am Ende nicht siegen wird. Es mag einige Schlachten gewinnen, aber *nicht* den Krieg. Eines Tages wird Gott das Böse mit Stumpf und Stiel ausrotten.

Gott lädt uns ebenfalls ein, aus der Dunkelheit ins Licht zu kommen. Durch eine persönliche Beziehung zu Jesus Christus vollzieht sich in unseren Herzen eine Veränderung. Wir wechseln die Seiten. Wir werden Bürger eines neuen „Landes" – eines Landes, das weitaus größer, besser und beständiger ist als das Land, dessen Bürger wir jetzt sind. Diese Staatsbürgerschaft übersteigt alle irdischen Loyalitäten und Bindungen, alle ethnischen Spaltungen und Fraktionen, und sie wird in alle Ewigkeit Bestand haben. Die folgenden Bibelverse beschreiben anschaulich, wie dieser Paradigmenwechsel aussieht:

„Aber ihr seid anders, denn ihr seid ein auserwähltes Volk. Ihr seid eine königliche Priesterschaft, Gottes heiliges Volk, sein persönliches Eigentum. So seid ihr ein lebendiges Beispiel für die Güte Gottes, denn er hat euch aus der Finsternis in sein wunderbares Licht gerufen" (1. Petrus 2,9; NL).

„Unser Bürgerrecht aber haben wir im Himmel. Von dort erwarten wir auch Jesus Christus, unseren Retter" (Philipper 3,20; Hfa).

Als Bürger des Himmels haben wir den Auftrag, Licht in die Dunkelheit zu bringen, ihr mit aller Kraft entgegenzuwirken und Gottes außergewöhnliche Kraft dazu zu gebrauchen, ihr Vordringen zu vereiteln. In der Bibel wird klar gesagt, woher wir unsere Kraft beziehen und was auf dem Spiel steht:

„Nur mit dir können wir unsere Feinde schlagen und nur in deinem Namen können wir sie besiegen. Ich verlasse mich nicht auf meinen Bogen und vertraue nicht auf mein Schwert, dass es mir hilft. Du bist es, der uns den Sieg über unsere Feinde schenkt und die umkommen lässt, die uns hassen" (Psalm 44,6–8; NL).

„Denn wir kämpfen nicht gegen Menschen aus Fleisch und Blut, sondern gegen die bösen Mächte und Gewalten der unsichtbaren Welt, gegen jene Mächte der Finsternis, die diese Welt beherrschen, und gegen die bösen Geister in der Himmelswelt" (Epheser 6,12; NL).

Die Waffen der Finsternis rauben einem leicht den Mut, vor allem die sichtbaren: Ungerechtigkeit, Armut, Krankheit, Grausamkeit, Folter, Vergewaltigung, Sklaverei, Hexerei, Diebstahl, Ehebruch, Mord, Lüge, Korruption, Machtmissbrauch und Freiheitsberaubung. Hinter dem sichtbaren Bösen können wir die unsichtbaren Antriebskräfte des Bösen ausmachen: Angst, Aberglaube, Gier, Arroganz, Perversion und Hass. Die Liste ließe sich endlos fortsetzen.

Die meisten von uns würden wohl von sich sagen, dass sie ganz normale Durchschnittsmenschen sind. Wir sind schon lange aus unseren Träumen von Superhelden aufgewacht. Wir haben scheinbar nicht das Zeug zum Kämpfer gegen das Böse. Doch wir haben Zugang zu der Kraft Gottes, und wir haben die biblische Zusage, dass Gott uns mit Waffen ausrüsten wird, die nicht von dieser Welt sind. Deshalb können Christen mutig gegen Unrecht aufstehen, mag es sich auch noch so drohend gebärden. Wie das? Indem sie die Waffen einsetzen, die Gott ihnen gegeben hat.

Folgendermaßen werden die uns zur Verfügung stehenden Waffen in der Bibel beschrieben:

„Ich bin zwar nur ein Mensch, aber ich kämpfe nicht nach Menschenart. Meine Waffen in diesem Kampf sind nicht die eines schwachen Menschen, sondern die mächtigen Waffen Gottes. Mit ihnen zerstöre ich feindliche Festungen: Ich bringe falsche Gedankengebäude zum Einsturz und reiße den Hochmut nieder, der sich der wahren Gotteserkenntnis entgegenstellt. Jeden Gedanken, der sich gegen Gott auflehnt, nehme ich gefangen und unterstelle ihn dem Befehl von Christus" (2. Korinther 10,3–5; GN).

Der Gott, über den wir hier sprechen, ist in sich gut. Folglich werden die, die ihn kennen und lieben, auch gut handeln. Wenn wir dem Heiligen Geist erlauben, unsere Persönlichkeit und unser Verhalten zu verändern, dann wird er Jesu Charaktereigenschaften in uns hervorbringen. Wie Paulus schreibt: „Der Geist Gottes dagegen lässt als Frucht eine Fülle von Gutem wachsen, nämlich: Liebe, Freude und Frieden, Geduld, Freundlichkeit und Güte, Treue, Bescheidenheit und

Selbstbeherrschung. Gegen all dies hat das Gesetz nichts einzuwenden" (Galater 5,22–23; GN).

Und Jesus hat die Latte für seine Nachfolger hoch gehängt: „Vielmehr liebt eure Feinde; tut Gutes und leiht, wo ihr nichts dafür zu bekommen hofft. So wird euer Lohn groß sein und ihr werdet Kinder des Allerhöchsten sein; denn er ist gütig gegen die Undankbaren und Bösen" (Lukas 6,35; LÜ).

Gottes Methode zur Bekämpfung des Bösen ist ungewöhnlich: Wir verwenden nicht die Waffen des Bösen, um das Böse zurückzudrängen, sondern die „Artillerie" des Himmels: Wahrheit, Gerechtigkeit, Heiligkeit, Würde, Ehre, Vertrauen, Treue, Ehrlichkeit, Glaube, Hoffnung, Demut, Aufopferung, Pflichtgefühl, Freude, Freundlichkeit, Selbstbeherrschung, Erbarmen, Mitgefühl und *Liebe*. Es ist verlockend, bei einem Schlag gegen das Böse die gleichen Waffen einzusetzen wie unser Widersacher, doch das verwischt nur die Grenzen zwischen Gut und Böse.

So hätte ich zum Beispiel die Männer, die in Kambodscha kleine Mädchen missbrauchen, am liebsten gleich kastriert. Ich wollte sie wegen ihres perversen Verhaltens auf übelste Weise verstümmeln. Kein Zweifel, diese Männer müssen verhaftet, vor ein ordentliches Gericht gestellt und dann ins Gefängnis gesteckt werden – Gerechtigkeit verlangt nach Bestrafung –, doch meine emotionalen Rachegelüste entsprechen nicht Gottes Vorgehensweise.

Vielleicht sind Sie von den eingangs erwähnten Gräueltaten immer noch ganz mitgenommen oder vielleicht sind Sie durch diese Geschichten an das Unrecht erinnert worden, das Sie oder jemand, der Ihnen nahesteht, erlitten haben. Vielleicht sind Sie entsetzt, wütend und unter Umständen sogar drauf und dran, aus dem Haus zu rennen und gewissen Leuten eins auf die Nase zu geben. Doch wenn wir nicht aufpassen, verhalten wir uns schnell genauso wie die Personen, denen wir Einhalt zu gebieten versuchen (mehr dazu im folgenden Kapitel). Belassen Sie es vorerst dabei, Ihre aufgewühlten Gefühle zu Gott zu bringen, und beschließen Sie, seinem Aufruf zu folgen: „Lass dich nicht vom Bösen überwinden, sondern überwinde das Böse mit Gutem" (Römer 12,21; LÜ).

Die stärkste Waffe, die wir im Kampf gegen das Böse haben, besteht darin, im Namen Jesu Gutes zu tun.

Hingabe

Werden Sie aufhören, so zu tun, als gäbe es das Böse in unserer Welt nicht?

Gebet

Vater, ich bekenne dir, dass ich es mir angewöhnt habe wegzublicken, damit ich nicht den Schmerz zu spüren bekomme, den das Leben in einer zerrütteten Welt mit sich bringt. Ich habe in vielen Bereichen in meiner eigenen heilen Welt gelebt. Wirst du mich aus der Lethargie reißen, damit mir das Unrecht nicht länger gleichgültig ist? Ich bitte dich, öffne du mir die Augen, damit ich das Unrecht sehe, die Ohren, damit ich die Schreie derer höre, die leiden, und den Mund, damit ich anfange, für die zu sprechen, die keine Stimme haben. Ich beschließe heute, dass ich anfangen werde, das Böse mit Gutem zu überwinden. Bitte zeige mir, wo ich anfangen soll.

Praktische Schritte

❶ Listen Sie einmal all das Unrecht in der Welt auf, das Sie besonders wütend macht. Wenn Sie einen Lesepartner haben, dann tauschen Sie sich über Ihre Listen aus.

❷ Informieren Sie sich, wie andere gegen Unrecht vorgehen, indem Sie sich im Internet über Organisationen wie Unicef oder World Vision informieren.

Kapitel 6

Spiegel lügen nicht

> *„Nichts auf dieser Welt ist so hinterhältig und verschlagen wie das Herz des Menschen. Wer kann es durchschauen?"* (Jeremia 17,9; NL).
>
> *„Das Böse ist nicht nur da, wo Blut vergossen wurde. Das Böse sitzt in dem von sich selbst eingenommenen menschlichen Herzen"* (Ravi Zacharias: *Deliver Us from Evil*).

Ich hatte die grauenhaften Geschichten über den Völkermord in Ruanda gehört. In einem Zeitraum von hundert Tagen wurden 1994 ungefähr eine Million Ruander von ihren ruandischen Mitbürgern ermordet, und zwar auf eine Weise, die stark an das Völkermorden erinnert, das Kambodscha in den 1970er Jahren erschütterte. Als ich auf dem kleinen Flughafen von Kigali aus dem Flugzeug stieg, war ich mir sicher, dass ich *sie* erkennen würde. Ich stellte mir vor, wie ich mit einem Blick in die Augen eines ruandischen Mannes oder einer ruandischen Frau feststellen konnte, ob sie an dem Völkermord beteiligt gewesen waren oder nicht. Ich dachte, ich könnte frühere Gräueltaten aus einem Gespräch mit jemandem heraushören. Ich glaubte, ich würde feststellen können, wer Ehemann, Ehefrau, Kind, Tante, Onkel, Nachbarn oder

Glaubensgeschwister verraten hatte. So schwer konnte es doch nicht sein, zwischen Täter und Opfer zu unterscheiden.

Ich war ausgesprochen naiv.

Zu meinem Leidwesen sah ich es den Menschen nicht an. Ich bekam Kontakt zu Männern und Frauen – Hutu und Tutsi –, doch wenn sie mir nicht ihre Lebensgeschichte erzählten, hatte ich keinerlei Möglichkeit, die Guten von den Bösen zu unterscheiden. Das machte mir Angst und ich fühlte mich ziemlich verwundbar. *Da sitze ich vielleicht beim Essen einem Mörder gegenüber und merke es gar nicht!*, dachte ich bei mir.

In einer der Provinzen machte ich die Bekanntschaft eines Bürgermeisters, der ein sympathisch aussehender Mann mit Anzug und Krawatte war. Er begrüßte uns herzlich, servierte leckeres Essen unter einem Zelt, das uns vor der Sonne schützte, und hieß uns offiziell willkommen. Nachdem wir uns schon eine Weile unterhalten hatten, gestand er mir und Rick durch die Blume, dass er 1994 an den Morden beteiligt gewesen sei. Seine Rolle, so ließ er durchblicken, sei aber nur sehr klein gewesen. Eigentlich habe er mit einer schweren Strafe gerechnet, doch es sei allseits bekannt, dass er ein guter Mann sei, der in der Hitze des Gefechts einen Fehler gemacht habe. Ihm wurden mildernde Umstände zugestanden und eine zweite Chance, sich zu beweisen.

Ich weiß noch genau, wie ich ihm äußerlich unbeteiligt zuhörte, während sich mein Hirn bei diesem Bekenntnis förmlich überschlug. Ich wich instinktiv etwas vor ihm zurück; ich wollte nichts mit ihm zu tun haben. Was war das wirkliche Ausmaß seiner Verbrechen? Wie hatte sich dieser harmlos aussehende Mann nur an dem Gemetzel beteiligen können?

Er sah nicht wie ein Monster aus.

In den darauffolgenden Tagen besuchten wir den Norden, den Osten, den Westen und den Süden Ruandas. Wir aßen mit Pastoren und ihren Familien, trafen Regierungsvertreter,

Geschäftsleute, Arme, Reiche, Kranke und Kerngesunde. Ich begegnete ganz normalen Menschen, die weder wie Monster aussahen noch sich wie Monster benahmen. Ja, sie schienen sich kaum von mir zu unterscheiden. Ich wunderte mich darüber, wie normal hier jeder war. Die Menschen gingen einfach ruhig ihren Geschäften nach: Sie gingen zur Arbeit, bearbeiteten ihr Land, zogen Kinder auf – sprich, sie führten ein ganz normales Leben.

Langsam dämmerte es mir: Es gab keine Monster in Ruanda (oder sonst wo, wenn wir schon dabei sind) – eine besondere Spezies Mensch, der es nichts ausmacht, zu foltern, zu vergewaltigen und zu morden –, aber es gab viele Menschen wie mich: gewöhnliche Menschen, die von der Welle des Hasses und der aufgeheizten Stimmung erfasst worden waren und es dem Bösen vorübergehend erlaubt hatten, in ihren Herzen zu wohnen. Die Wucht dieser Erkenntnis machte mich sehr nachdenklich. Wäre ich etwa zu den gleichen Gräueltaten fähig, wenn ich mich vom Bösen beherrschen ließe? Dieser Gedanke war mir unerträglich.

Gott ließ die Formen und Farben auf dem Foto, das er mir im Frühling 2002 überreicht hatte, immer deutlicher hervortreten. Er hatte mir gezeigt, dass es zu seinem Plan für mein Leben gehörte, dass ich für Menschen mit HIV/Aids eintrat, und deshalb war ich nach Afrika und Asien gereist, um besser zu verstehen, wie HIV sich auf das Leben der Betroffenen auswirkt. Zwei Krebserkrankungen hatten meinen Glauben erschüttert und ihn gleichzeitig gestärkt. Ich hatte in *Saddleback* die Arbeitsgruppe HIV/Aids ins Leben gerufen, um unsere Gemeinde zu informieren, sie zu inspirieren und sie dazu auszurüsten, sich für Menschen mit HIV/Aids vor unserer Haustür und weltweit einzusetzen. Dann wurde der PEACE-Plan aus der Taufe gehoben. Es folgte die Einladung von Präsident Paul Kagame an Rick und mich, Ruanda zu besuchen.

Im Zuge der Reisevorbereitungen studierte ich Bücher über den Völkermord, sah Filme und verschlang alles, was ich zu dem Thema finden konnte, um die Ereignisse von 1994 zu verstehen. Je mehr ich über den Genozid erfuhr, desto größer wurden meine Empörung und mein Entsetzen über die Ereignisse. In Kambodscha hatte ich einen kleinen Eindruck von den verheerenden Auswirkungen eines Völkermords bekommen, und so hoffte ich im Vorfeld meiner Reise nach Ruanda, das Böse und seine Helfershelfer aufdecken zu können, wer auch immer die Übeltäter gewesen sein mochten. Ich wollte *Gerechtigkeit* für alle, die Opfer der Schrecken geworden waren. Ich war auf einer Mission, um das Unheil wiedergutzumachen, um dafür zu sorgen, dass die Bösewichte bestraft wurden und für ihr Verhalten büßen mussten. Kurz gesagt, ich war voller selbstgerechter Entrüstung und fühlte mich recht gut dabei.

Sich einen Spiegel vorhalten

Meine Mission hatte nur einen Haken: Ich hatte vergessen, mich selbst auf die Liste der Übeltäter zu setzen. Ich hielt nach Monstern Ausschau – stattdessen entdeckte ich tief in mir die monströse Fähigkeit, selbst böse und ruchlos zu sein. Ich war so sehr damit beschäftigt, Ruandern und Kambodschanern einen Spiegel vorzuhalten, dass es mir gar nicht in den Sinn kam, mir selbst den Spiegel vorzuhalten.

Der Spiegel lügt nicht.

Die Bibel auch nicht. Sie lässt keinen Zweifel daran aufkommen, dass es in unserer Welt Böses gibt. Es existiert in anderen, aber auch in mir – und in Ihnen. Das Böse ist nicht einfach nur *da draußen*, es ist *hier drinnen – in meinem Herzen –* und es stiftet Unheil. Die Bibel spricht ohne Umschweife von unserer Schlechtigkeit:

„Alle sind schuldig geworden und haben die Herrlichkeit verloren, in der Gott den Menschen ursprünglich geschaffen hatte" (Römer 3,23; GN).

„Ich mache immer wieder dieselbe Erfahrung: Das Gute will ich tun, aber ich tue das Böse" (Römer 7,21; Hfa).

„Jeder Mensch wird durch seine eigenen Begierden dazu verleitet, Böses zu tun. Wer seinen Begierden nachgibt, sündigt, und die vollzogene Sünde führt zum Tod" (Jakobus 1,14–15; NL).

So also beschreibt uns die Bibel: als Ränkeschmiede und Mörder, Kämpfer und Gewalttäter, als eifersüchtig und von uns selbst eingenommen, als Gefangene der Sünde, von üblen Begierden geködert, als Bösewichte.

Ich habe das Gefühl, dass Sie – genau wie ich – nicht der Ansicht sind, dass Sie in diese Kategorien passen. Mit solchen Ausdrücken beschreibe ich andere und ihre Taten, aber doch nicht mich selbst!? Ja, Sie mögen es sogar geschmacklos finden, dass ich Sie in eine Reihe mit Übeltätern stelle wie Pol Pot, Hitler, Stalin, Saddam Hussein oder den ganz normalen Menschen, die in Kambodscha und Ruanda zu Mördern wurden.

Selbstverständlich ist es wesentlich schlimmer, etwas Böses zu tun, als lediglich dazu in der Lage zu sein, doch wir trösten uns ein wenig zu leichtfertig mit diesem Gedanken. Solange ich mich selbst über alle anderen stelle und darauf bestehe, dass ich dieses oder jenes *nie* tun würde, kann ich meine eigenen destruktiven Neigungen entschuldigen. Die unangenehme Wahrheit lautet aber, dass wir alle unter den entsprechenden Umständen zu allem fähig sind.

Der Schriftsteller Henri Nouwen beschreibt dies folgendermaßen:

„Sich um andere zu kümmern heißt zuerst, den eigenen Kelch zu leeren und den anderen an uns herankommen zu lassen. Es heißt, die Hindernisse wegzuräumen, die uns davon abhalten, Gemeinschaft miteinander zu haben. Wenn wir es wagen, uns um andere zu kümmern, dann entdecken wir, dass uns nichts Menschliches fremd ist, sondern dass aller Hass und alle Liebe, alle Grausamkeit und alles Erbarmen, alle Furcht und alle Freude in unseren eigenen Herzen zu finden sind. Wenn wir es wagen, uns zu kümmern, dann müssen wir bekennen, dass ich da, wo andere töten, auch hätte töten können. Wo andere foltern, hätte ich das Gleiche tun können. Wo andere heilen, hätte auch ich heilen können. Und wo andere Leben bringen, da hätte ich das Gleiche vermocht. Dann stellen wir fest, dass wir ganz bei dem Soldaten sein können, der tötet, bei dem Wachmann, der quält, bei dem jungen Mann, der spielt, als hätte das Leben kein Ende, und bei dem alten Mann, der aus Furcht vor dem Tod zu spielen aufgehört hat."[10]

Politische Kampagnen, philanthropische Bemühungen, gemeinsame wirtschaftliche Interessen – dies sind zerbrechliche Bündnisse, die sich bei der kleinsten Schwierigkeit in Wohlgefallen auflösen. Sie sind nicht das, was uns als Menschen zusammenhält. Die Wahrheit, die uns vereint, lautet: Wir sind alle gleich. Ehe wir verletzten, leidenden Menschen die Liebe Gottes nahebringen, müssen wir unsere sorgsam gehüteten Illusionen über das Ausmaß unserer eigenen Zerbrochenheit an Gott ausliefern. Wir müssen zugeben, dass es um uns schlecht bestellt ist und dass wir außerstande sind, uns selbst in Ordnung zu bringen. Wenn wir zugeben, dass wir nicht weniger verdorben und zum Schlechten fähig sind als ein gefallener Bruder oder eine gefallene Schwester, dann können wir ihnen in Liebe anstatt mit Hass begegnen.

Ich höre Sie förmlich fragen: „Warum das? Was spielt es für eine Rolle, ob ich mir selber den Spiegel vorgehalten habe?

Warum kann ich nicht einfach anfangen, mich um andere zu kümmern und für sie da zu sein, ganz gleich, wie es in mir drin aussehen mag?" Eine äußerst wichtige Frage.

Solange wir uns weigern, schonungslos in den Spiegel von Gottes Wort zu schauen und uns so zu sehen, wie wir wirklich sind, richten wir mehr Schaden an, als wir ahnen. Wir dürfen nicht auf unsere Mitmenschen hinabschauen in der selbstgefälligen Vorstellung, wir seien besser, gebildeter, kultivierter, weltklüger, zivilisierter, weniger schuldig, weniger schlecht, weniger zu Gewalttätigkeit neigend oder weniger anfällig dafür, Unheil anzurichten. Stattdessen müssen wir einsehen, dass wir nicht weniger als alle anderen dazu fähig sind, Böses zu tun. Tun wir das nicht, dienen wir anderen vom hohen Ross herab und beglückwünschen uns zu unserer edlen Aufopferung, anstatt einem Mitstolperer zur Seite zu stehen.

Manchen von uns fällt es sehr schwer, ihre Schuld, ihre Schwächen und ihr Versagen zuzugeben. Entweder schieben wir anderen die Schuld für unsere Probleme in die Schuhe, oder wir spielen Getanes herab, damit wir mit uns selbst leben können. Wir werden äußerst geschickt im Leugnen. Es gibt durchaus Menschen, die auf den Bekenntniszug aufspringen und bereitwillig theoretische Sünden zugeben oder aber Sünden, die sie glauben, schon gemeistert zu haben. Doch es ist etwas völlig anderes, über *reale* Sünde zu reden – über ganz spezifische Sünden, die wir begangen haben und die uns heute schon wieder zu schaffen machen.

Hindernisse einreißen

Ich finde es schlimm, wenn Menschen eine Maske tragen – aber am schlimmsten finde ich das noch bei mir selbst. Ich lerne zwar langsam, authentisch und verletzlich zu sein, falle dabei aber noch oft genug auf die Nase. Ich verhaspele mich in alten Beziehungsmustern und bin blind für meine eigenen Fehler, solange ich mich auf Ricks Fehler oder die Fehler eines anderen konzentriere, dem ich zu helfen versuche. Wenn ich dagegen meine eigenen Fehler, mein Versagen und meine hartnäckigen Schwächen zugebe, dann reißt das die trennenden Hindernisse zwischen mir und meinem Mitmenschen ein.

Als kleines Mädchen wurde ich von einem jungen Mann aus unserer Gemeinde sexuell belästigt. Mein Vater war Pastor einer kleinen Baptistengemeinde, in der jeder jeden zu kennen glaubte. Doch ein Jugendlicher hatte ein Geheimnis: Er belästigte Jüngere. Schließlich wurde er dabei erwischt, wie er Kinder aus der Nachbarschaft sexuell belästigte, und kam für mehrere Jahre in eine Jugendstrafanstalt, doch ich litt noch bis ins Erwachsenenalter unter dem, was er mir angetan hatte. Da ich nie jemandem von dem Vorfall erzählte, hatte mein Vater keine Ahnung, dass dieser junge Mann auch mich sexuell belästigt hatte. Und weil ich noch so jung war, bekam ich wiederum nicht mit, dass mein Vater versuchte, diesem jungen Mann zu helfen, sich wieder im Leben zurechtzufinden, als er aus der Vollzugsanstalt entlassen wurde. Als ich meinen Eltern Jahre später von dem Tag erzählte, der in meinem Leben so viel Schaden angerichtet hatte, war das für meine Mutter und meinen Vater unheimlich schmerzhaft. Und dass mein Vater auch noch versucht hatte, dem jungen Mann, der mich so verletzt hatte, zu helfen, vergrößerte ihren Schmerz nur umso mehr.

Bei sexuellem Missbrauch kommen viele Dinge zusammen und man tut sich schwer mit einfachen Antworten oder Erklärungen. So weiß ich bis heute nicht, warum ich niemandem davon erzählte. Ich versuchte, den Vorfall, so gut es ging, auszublenden, doch die traumatische Erfahrung wirkte sich negativ auf meine sexuelle Entwicklung aus. Alles, was mit

Sexualität zu tun hatte, begann mich abwechselnd abzustoßen und zu faszinieren.

Die Folgen des Missbrauchs zeigten sich auch noch im Teeniealter. Ich geriet in einen Teufelskreis, in dem ich mich bewusst einer Versuchung aussetzte, ihr erlag und hinterher schreckliche Schuldgefühle hatte. Wenn ich auf die Kinder unserer Nachbarn aufpasste, hatte ich Zugang zu Pornos, und ich wurde regelrecht süchtig danach. Es gab auch eine Phase in meinem Leben, in der ich regelmäßig mit älteren Freunden „herumexperimentierte". Doch die ganze Zeit über liebte das „brave Mädchen" in mir Gott heiß und innig und wollte im Leben etwas Sinnvolles erreichen. Das „ungezogene Mädchen" wusste jedoch nicht, wie es den Kreislauf durchbrechen sollte, und so lernte ich, mein Leben in verschiedene Bereiche aufzuspalten. Ich redete mir ein, ich sei eine wunderbare junge Frau, die aufrichtig an Jesus Christus glaubte und ihm nachfolgte. Gleichzeitig wusste ich nicht, was ich mit dieser anderen Person in mir tun sollte, die so beschämende Dinge tat. Erst versuchte ich, sie zu ignorieren, dann begann ich, sie zu hassen. Es kam mir nie in den Sinn, dass der sexuelle Missbrauch, den ich als Kind erlitten hatte, irgendetwas mit meiner von Verwirrung und Furcht geprägten Haltung gegenüber Sexualität zu tun haben könnte.

Sie können sich vielleicht vorstellen, wie sich all das Leugnen und Aufspalten auf meine emotionale und geistliche Gesundheit auswirkte. Als Rick und ich uns verlobten, war ich völlig verkorkst. Ich weiß noch, wie ich ihm eines Abends beiläufig erzählte, dass ich sexuell belästigt worden sei, aber ich war dabei völlig ungerührt und vergoss nicht eine Träne. Leider fühlte ich mich damals nicht sicher genug, ihm auch zu erzählen, wie sehr ich noch darunter litt.

Als Rick mich heiratete, ahnte er nichts von dem Aufruhr, der tief in meiner Seele als Folge von wiederholtem Versagen,

Schuldgefühlen und Scham brodelte. Unsere Freundschaft war ungewöhnlich gewesen (das wäre ein Thema für ein anderes Buch!), und wir heirateten, ohne einander auch nur halbwegs zu kennen. Wir waren praktisch Fremde. Unsere zweiwöchige Hochzeitsreise war eine Katastrophe und wir kehrten niedergeschmettert und geknickt zurück. Rick war Jugendpastor in einer Gemeinde, wem konnten wir uns da anvertrauen? Wir fühlten uns so allein. Mir war das heimliche Scheitern unserer Ehe so peinlich, dass ich der festen Überzeugung war, wir könnten das niemals jemandem erzählen. Also taten wir, als sei alles in schönster Ordnung, doch unsere Ehe ging immer mehr den Bach hinunter. Wir waren wütend aufeinander, frustriert, beschämt und hatten Angst vor Intimität. Wir trauerten über den geplatzten Traum von einer glücklichen Ehe. Im Laufe der Zeit haben wir eine starke, stabile und gesunde Ehe aufgebaut, doch das erforderte jede Menge Blut, Schweiß und Tränen und Eheberatung.

Warum erzähle ich Ihnen das alles? Weil ich mich leichter mit anderen identifizieren kann, die in die gleichen Fallen getappt sind, wenn ich verborgene Schuld zugebe – nicht nur da, wo andere *an mir* schuldig geworden sind, sondern auch da, wo *ich* an anderen schuldig geworden bin.

Ich mache mir nur selten bewusst, wie schnell ich andere selbstgerecht verurteile, obwohl meine Familie und meine guten Freunde mich gelegentlich auf diesen Charakterzug hingewiesen haben. Es versetzt mir jedes Mal einen Stich, wenn sie mich darauf ansprechen, und für gewöhnlich mache ich ein paar merkwürdige Verrenkungen, um dem Vorwurf möglichst auszuweichen.

Doch wenn ich zugebe, dass ich manchmal wütend und zornig bin, dann kann ich einem Mann oder einer Frau, die in ihrem Zorn noch einen Schritt weiter gegangen sind, leichter beistehen. Wenn ich mich der Tatsache stelle, dass ich mich zu lüsternen Gedanken habe hinreißen lassen, dann kann ich einem Mann oder einer Frau, die ihre geheimen Lüste ausgelebt haben, leichter beistehen. Wenn ich zugebe, dass ich manchmal mehr haben möchte, als mir von Rechts wegen zusteht, dann kann ich jemandem, der beim Stehlen ertappt wurde, leichter beistehen. Und wenn ich zugebe, dass ich nicht nur schlechte Gedanken hatte, sondern selber auch Böses getan habe, dann baut das eine Brücke zwischen zwei Personen, die so verschieden gar nicht sind.

Bis in die tiefsten Tiefen hinein gekannt

Vor einigen Jahren, als ich mit der Erkenntnis rang, wie tief das Böse in mir steckt, versuchte ich, Psalm 103 auswendig zu lernen. Während ich über den ersten Vers nachdachte – „Lobe den Herrn, meine Seele, und was in mir ist, seinen heiligen Namen!" (LÜ) –, stolperte ich über den Ausdruck „was in mir ist". Was bedeutete es denn, Gott mit all dem zu loben, „was in mir ist"? Was ist da in mir?

Tief in den *Guadelupe Mountains* im Südosten des US-Bundesstaates New Mexico befinden sich die Carlsbad-Höhlen. Von außen betrachtet würde man niemals vermuten, dass der Boden, auf dem man steht, von unterirdischen Höhlen durchzogen ist, eine davon so tief, dass man sie die „Bodenlose Grube" genannt hat. Ich glaube, dass ich den Carlsbad-Höhlen ähnle. Wer nur oberflächlich mit mir plaudert, wird vermutlich nichts davon ahnen, dass sich tief in mir drin verborgene Höhlen befinden. Gott dringt aber in seiner erstaunlichen Liebe und Gnade in diese Höhlen vor, bis hinein in den tief verborgenen Teil meines Wesens, den kein anderes menschliches Wesen betreten kann und wo mich kein anderer je kennen wird. Gott kommt an diesen Ort, wo es keine

Entschuldigungen gibt, kein So-tun-als-ob, keine Fassaden, kein Verstecken. *Dort* kann ich nicht vorgeben, etwas anderes zu sein als das, was ich wirklich bin oder nicht bin. *Dort* sieht er meine ganze Schlechtigkeit in einem Ausmaß, das Sie nie zu Gesicht bekommen werden.

Als ich mir vor einer Weile das Musical „Das Phantom der Oper" anschaute, erkannte ich betroffen, wie sehr wir doch alle dem Phantom ähneln. Wir alle versuchen, unsere eigene Zerbrochenheit zu leugnen und zu verbergen. Das Phantom ist eine tragische Figur, fürchterlich entstellt und zutiefst einsam und wurde sogar von seiner Mutter abgelehnt. Er haust in den dunklen Kellern unter der Pariser Oper und beobachtet heimlich, was in der Oper vor sich geht. Er sehnt sich nach Gesellschaft, nach jemandem, der ihn kennt und ihn trotz seines entstellten Gesichts und der verkrüppelten Seele annimmt. Er verliebt sich in die schöne Sängerin Christine und schmiedet Pläne, wie er sie in seine unterirdischen Höhlen bringen kann. Trotz des großen Risikos, erneut abgelehnt zu werden, ist schließlich seine Sehnsucht nach einer Beziehung und nach Verbundenheit mit einem anderen Menschen größer als seine Furcht, und er lockt sie in sein verborgenes Heim. Christine spürt instinktiv, dass dort etwas Furchterregendes auf sie warten könnte, und folgt ihm zitternd immer tiefer in die tintenschwarze Finsternis. Ihre Ängste sind nicht unbegründet. Als sie schließlich in seiner Höhle steht und das Phantom ihr offenbart, wie zerbrochen und verletzt es wirklich ist, überfallen sie großer Schrecken und Ekel. Voller Panik ergreift sie die Flucht und lässt das Phantom zurück. Der erbarmungswürdige Klang seiner Stimme, als er ihren Namen ruft und sie anfleht, ihn in seinem Elend nicht allein zu lassen, begleitet ihre Flucht zurück in die Sicherheit.

Gott ist der Einzige, der in die Tiefen Ihres Inneren eindringen kann und sich nicht vor dem, was er dort vorfindet, erschrickt oder ekelt. Er war der Einzige, der die ganze Zeit wusste, wie verletzt und zerbrochen ich innerlich war. Er war der Einzige, der mir dort begegnen und Vergebung, Erbarmen und Heilung bringen konnte. Gott sah den ganzen Müll – die schmutzigen Gedanken, das hässliche Verhalten, die heimliche Schuld und Scham –, der mich schier zerriss. Selbst heute noch wäre ich versucht, mir eine Tüte über den Kopf zu stülpen und mich zu verkrümeln, wenn andere Menschen wirklich wüssten, wie hässlich es tief in mir drin aussieht. Ich könnte wohl niemandem mehr in die Augen sehen. Doch Gott sah in seinem riesigen, nahezu unbegreiflichen Erbarmen tief in mich hinein und sagte: „Ich liebe dich, Kay. Ich weiß um *alles* und ich liebe dich trotzdem." Das Gleiche sagt er zu Ihnen: „Ich weiß um *alles* und ich liebe dich trotzdem."

Weil Gott Sie bis in die tiefsten Tiefen hinein kennt – wo Ihre schmutzigsten Gedanken und verwerflichsten Taten offenbar sind – und weil Ihnen durch unseren Retter Jesus Christus Vergebung und Befreiung angeboten wurden, können Sie sich ehrlichen Herzens eingestehen, dass Sie nicht besser sind als der Typ von nebenan; ein Geständnis, das Sie reifer machen wird. Sie brauchen Jesus. Ich auch. *Jeder* braucht Jesus. Diese Wahrheit verändert alles.

Jetzt verstehen wir auch, warum Gott uns anweist, in den Spiegel seines Wortes zu schauen, denn das, was wir dort sehen, lässt uns demütig bleiben (siehe Jakobus 1,22–25). Wir sollen uns von der Bibel „verurteilen" lassen – uns unsere Fehler, unsere Schuld und unser Versagen aufzeigen lassen, damit wir diese bekennen und Vergebung empfangen können. Haben wir es Gott einmal erlaubt, uns zu „verurteilen", sind wir in einer besseren Ausgangsposition, um das Böse in der Welt zu „verurteilen". Wenn bei Ihnen im Kopf jetzt die Alarmglocken schrillen, dann hören Sie sich einmal an, was Jesus zu seinen Jüngern sagt:

„Verurteilt nicht andere, damit Gott nicht euch verurteilt! Denn euer Urteil wird auf euch zurückfallen, und ihr werdet mit demselben Maß gemessen werden, das ihr bei anderen anlegt. Warum kümmerst du dich um den Splitter im Auge deines Bruders oder deiner Schwester und bemerkst nicht den Balken in deinem eigenen? Wie kannst du zu deinem Bruder oder deiner Schwester sagen: Komm her, ich will dir den Splitter aus dem Auge ziehen, wenn du selbst einen ganzen Balken im Auge hast? Scheinheilig bist du! Zieh doch erst den Balken aus deinem eigenen Auge, dann kannst du dich um den Splitter in einem anderen Auge kümmern!"* (Matthäus 7,1–5; GN).

Was Jesus hier sagt, wird oft missverstanden und falsch ausgelegt. Unzählige Male habe ich mitangehört, dass jemand den Ausspruch angeführt hat: „Richtet nicht, damit ihr nicht gerichtet werdet", um vor seinem eigenen schlechten Verhalten davonzulaufen oder um jemand anderen daran zu hindern, gegen Unrecht vorzugehen. Wenn *meine Schuld* aufgedeckt wird, bitte ich Gott um Gnade und Nachsicht; aber wenn die *Schuld eines anderen* aufgedeckt wird, soll Gott ruhig ordentlich dreinschlagen. Doch Jesus sagt hier nicht, dass es prinzipiell falsch wäre, schlechtes Verhalten zu verurteilen – unser Verhalten lässt eben oft zu wünschen übrig. Er führt lediglich einen neuen Maßstab ein: *Den Maßstab, den Sie an andere legen, wird man auch an Sie anlegen.* Hüten Sie sich deshalb davor, unbarmherzig mit dem Finger auf jemanden zu zeigen, der in einem bestimmten Bereich Probleme hat, denn im selben Augenblick zeigen vier andere Finger auf Sie zurück.

Wie Henri Nouwen anmerkt, wird ein schonungsloser Blick in den Spiegel dazu führen, dass wir uns anders verhalten:

„Indem wir uns unsere menschliche Gleichheit ehrlich eingestehen und bekennen, können wir teilhaben an der Fürsorge Gottes, der *nicht zu den Starken kam, sondern zu den Schwachen, der nicht kam, um anders zu sein, sondern um gleich zu sein, nicht um unseren Schmerz wegzunehmen, sondern ihn zu teilen. Durch diese Anteilnahme können wir einander unsere Herzen öffnen und eine neue Gemeinschaft bilden.*"[11]

Sie können damit beginnen, dass Sie anderen das anbieten, was Sie selbst von Gott empfangen haben: Vergebung, Annahme, zweite Chancen. Sie brauchen das, was Sie getan haben oder was Sie in Versuchung führt, nicht zu leugnen. Sie brauchen nicht so zu tun, als stünden Sie weit über allen anderen und seien über Fehlverhalten erhaben. Sie sind frei – frei, ein Mensch zu sein, dem selber vergeben wurde und der jetzt anderen vergeben und sie annehmen kann. Anstatt zu versuchen, einen anderen Menschen „in Ordnung zu bringen" – als ob Sie auf alles die perfekte Antwort hätten, weil Sie perfekt sind! –, können Sie sich jetzt auf eine Beziehung einlassen. Denn mindestens zwei Dinge haben wir alle gemeinsam: dass wir auch nur Menschen sind und dass wir vom Bösen errettet werden müssen.

Wollen Sie anfangen, die Finsternis zurückzudrängen – in Ihnen selbst, bei Ihnen zu Hause, in Ihrer Nachbarschaft, Ihrer Stadt, Ihrem Land, in der Welt? Was braucht es dazu? Menschen, die sich vorbehaltlos auf Gott einlassen, die ehrlich und mutig sind, sich den Spiegel von Gottes Wort vorzuhalten, und ihre eigenen Motive und Taten schonungslos unter die Lupe nehmen. Gott sucht Menschen, die ihre Schuld bekennen, seine Vergebung annehmen und dann beherzt den Kampf gegen Unrecht aufnehmen. Wenn wir einem Menschen, der sich in Schuld verstrickt hat, in dem Bewusstsein begegnen, dass wir selbst auch nicht gegen Fehltritte gefeit sind, dann bringen wir nicht nur Wahrheit und Gerechtigkeit in eine Situation hinein, sondern auch Heilung und möglicherweise sogar Errettung.

Hingabe

Werden Sie nicht länger verdrängen, dass Sie im Grunde Ihres Wesens zu allen Schandtaten fähig sind?

Gebet

Vater, ich bin so dankbar, dass du ein gnädiger Gott bist. Vergib mir, dass ich mir nicht eingestehen wollte, wie böse ich sein kann. Ich habe heute einen Blick auf mich erhascht, und was ich sehe, gefällt mir nicht. Ich bekenne, dass ich Gerechtigkeit eingefordert habe, wenn es um die Vergehen von anderen ging, aber um Gnade bettelte, wenn meine eigene Schuld zutage trat. Ich staune, dass du mein Innerstes siehst und mich trotzdem noch so sehr liebst, dass du mir einen Retter gesandt hast. Es beschämt mich, dass du mir immer wieder vergibst. Mach mich willens, meinen Mitmenschen genauso gnädig zu begegnen wie du mir.

Praktische Schritte

❶ Nehmen Sie sich Zeit zum Beten und fragen Sie Gott, welche „Höhlen" Sie noch verbergen. Falls Sie einen Lesepartner haben, können Sie sich bei der nächsten Gelegenheit über Ihre Gedanken austauschen.

❷ Was würde Gott in seiner Gnade diesbezüglich zu Ihnen sagen? Formulieren Sie die Worte so, als kämen sie direkt von Gott, und lesen Sie sich diese laut vor.

Kapitel 7

Das Geschenk der Gegenwart

*„Eine Jungfrau wird schwanger werden und einen Sohn be-
kommen. Den wird man Immanuel nennen. Das bedeutet:
‚Gott ist mit uns!‘“* (Matthäus 1,23; Hfa).

*„Barmherzigkeit, mit anderen zu sein, wenn und wo sie lei-
den, und willig einer Gemeinschaft der Schwachen beitre-
ten, das ist Gottes Weg, Frieden und Gerechtigkeit unter den
Menschen aufzurichten“* (Henri Nouwen: Here and Now).

Wenn ich an Helden denke, an Menschen, die sich auf Gott
eingelassen haben, dann fällt mir immer Mutter Teresa ein.
In meinen Augen hat sie wie kein anderer im 20. Jahrhundert ihr Leben Gott ganz zur Verfügung gestellt. Sie beschloss
schon in jungen Jahren, dass Gott ihre Gaben, Talente und
Leidenschaften zum Bau seines Reiches gebrauchen dürfe.
Und was er durch diese zierliche kleine Frau bewirkt hat, ist
schlicht erstaunlich.

Weil ich ihren selbstlosen Dienst an „diesen meinen Geringsten“ bewunderte, beschloss ich, im Oktober 2004 einen
Einsatz in ihrem Sterbehaus (Kalighat) in Kalkutta zu machen. Die ehrenamtlichen Helfer, vor allem die Nichtkatho-
liken, stehen in den auf der ganzen Welt verstreuten Häu-

sern der „Missionarinnen der Nächstenliebe" nicht gerade
Schlange und so fand ich meinen Beschluss ziemlich löblich.
Ich kam mir bei meinem Vorhaben richtig edel vor.

In Kalighat arbeiten die ehrenamtlichen Helfer in zwei
Schichten und meine Freunde und ich entschieden uns für die
Vormittagsschicht. Von den Freiwilligen wird verlangt, dass
sie vor Beginn des Arbeitstages zusammen mit den Schwestern
die Messe besuchen. Wir knieten also auf dem harten Holzbo-
den im Mutterhaus und beteten, sangen und hörten die Ho-
milie zusammen mit den Nonnen in ihren weißen Baumwoll-
saris. Nachdem wir uns mit Tee und Brötchen gestärkt hatten,
brachen wir nach Kalighat auf. Und wieder einmal war ich
völlig unvorbereitet auf das, was mich erwartete.

Die Schwestern beschäftigen sich so intensiv mit der Pflege
der Frauen und Männer in ihrer Obhut – 50 im Männer- und
50 im Frauentrakt –, dass sie keine Zeit für einen Plausch mit
neuen Helfern haben. Als ich eine im Eilschritt an mir vor-
beilaufende Schwester fragte, was ich denn tun solle, schaute
sie mich kaum an und sagte: „Tun Sie das, was Sie andere tun
sehen." Ich weiß nicht, ob ich erwartet hatte, dass sie stehen
blieb, mir in die Augen schaute und mich in den höchsten
Tönen dafür lobte, dass ich an jenem Morgen auf der Matte
stand, doch das war sicherlich nicht der Empfang, den ich erwartet hatte! Ich sah, dass sich andere Freiwillige Handschuhe
und Mundschutze aus einem Metalleimer fischten, doch bis
ich bei dem Eimer angelangt war, gab es nur noch Mundschutze der Größe XL, die mir nichts nutzten. Handschuhe?
Nicht, dass ich welche gefunden hätte. Meine Freunde Mary,
Judy, Cisco, Steve und ich schauten uns an, zuckten mit den
Achseln und machten uns daran, den sterbenden Männern
und Frauen von Kalighat zu dienen.

Steve und Cisco gingen zum Männertrakt, während Mary,
Judy und ich den Frauentrakt betraten. 50 schmale Feldbet-

ten standen in Reihen angeordnet und es herrschte ein hektisches Treiben unter den Schwestern, Helfern und Patienten. Ich durchschaute schnell, dass alles hier System hatte: Die Frauen bekamen Frühstück, sie wurden gebadet und frisch angezogen; die Betten wurden neu bezogen; einfache Medikamente wurden verabreicht und dann saßen sie in ihren Betten oder schliefen.

Wir schlossen uns dem Trupp der Helfer an. Manche kommen für mehrere Wochen oder gar Monate, also gab es ein paar Veteranen, die Mitleid mit uns Ahnungslosen hatten und uns spezifische Aufträge erteilten:

„Füttere die Frau dort drüben. Sei aber vorsichtig. Ihr wird schnell übel und dann erbricht sie sich."

„Hier, hilf mir, diese Frau in den Badebereich zu bringen. Sie kann nicht alleine gehen."

„Nein, tut mir leid, es gibt kein heißes Wasser zum Händewaschen. Aber hier kommt kaltes Wasser und die Hände kannst du dir an den Hosen abtrocknen."

„Medikamente? Nun, jemand hat Aspirin und eine Pilzsalbe gespendet. Das verteilen die Schwestern gerade."

„Was mit der Frau hier ist? In die Kopfwunde sind Maden eingedrungen, aber das offene Geschwür hier, das so schrecklich aussieht, heilt schon wieder."

„Säubere das Bett da ... Nein, die Handschuhe sind ausgegangen. Hol Desinfektionsmittel aus der Küche und tu etwas davon in den Eimer mit kaltem Wasser. In der Küche gibt es auch einen Lappen, mit dem du den Durchfall von der Matratze scheuern kannst."

„Du solltest wirklich einen Mundschutz tragen. Ich bin mir sicher, dass die Frau, die du da gerade so nah an dein Gesicht hältst, Tuberkulose hat."

Binnen 30 Minuten nach meiner Ankunft hatte sich meine romantische Vorstellung davon, „den Armen zu dienen", im

Gestank von Durchfall und Desinfektionsmittel und im Geschrei eines Mannes, der Qualen litt, als man die Maden aus seinen Wunden zog, verabschiedet. Beim Anblick der Wunden wurde mir übel, und die Reglosigkeit einer Frau, die von diesem ins nächste Leben überging, erschütterte mich. *Was für ein Narr bin ich doch!*, dachte ich bei mir. *Warum wollte ich bloß an diesen schrecklichen Ort kommen? Wann ist meine Schicht vorbei? Ich will nur noch raus. Ich halte es nicht mehr länger aus.*

Ich war völlig am Ende.

Liebe über Sprachgrenzen hinweg

Endlich war die Vormittagsprozedur vorüber. Die Frauen waren gefüttert, gebadet und in saubere Baumwollkleider gehüllt. Ihre Betten hatten frische Laken. Manche hatten einfache Medikamente erhalten, und jetzt warteten wir – warteten darauf, dass sie starben. Das macht man so in einem Sterbehaus.

Ich zog mich in eine stille Ecke zurück, um meine Fassung wiederzuerlangen und meinem Magen die Möglichkeit zu geben, sich nach all den Anblicken, Geräuschen und Gerüchen zu beruhigen. Eine aufmerksame Nonne entdeckte mich in meinem Versteck und trug mir auf, gespendete Zeitungen zu behelfsmäßigen Tüten zu falten, die als Abfallbehälter für verschmutzte Verbände dienten. Ich habe zwei linke Hände, wenn es ums Basteln geht, und die Zeitung genau so zu falten, wie es mir die Schwester hastig vorgemacht hatte, war schwerer, als es aussah. Doch ich war erleichtert, dass ich mich nützlich machen konnte, ohne mit den Frauen selbst in Kontakt zu kommen.

Doch dann sah ich sie.

Als mein Blick so ziellos umherschweifte, begegnete er dem einer Frau, die am anderen Ende des großen Raumes ganz für sich saß. Innerlich schalt ich mich dafür, Blickkontakt hergestellt zu haben – hatte ich denn an jenem Vormittag nicht schon genug getan, um mir die Auszeichnung „netter Mensch" zu verdienen? Meine Sinne waren eh schon über Gebühr beansprucht worden, und ich glaubte, keine weitere nervenzehrende Begegnung mehr ertragen zu können. Doch die Frau bedeutete mir mit einem Nicken, ich solle zu ihr kommen. Widerstrebend erhob ich mich und ging zu ihrem Feldbett, auf das sie mich sofort zu sich hinunterzog.

Im nächsten Augenblick strömten ihr die Tränen übers Gesicht und ein Sturzbach von Worten auf Bengalisch brach aus ihr hervor. Mein erster Gedanke war: *Ich habe keinen blassen Schimmer, was sie da redet*, doch dann hatte ich plötzlich einen Geistesblitz, und ich wusste *genau*, was sie sagte! Diese Frau schilderte mir ihre Lebensgeschichte in den lebhaftesten Worten, die sie finden konnte. Es sprudelte nur so aus ihr heraus, wie sie allein, krank und sterbend in Kalighat gelandet war. Sie klagte, dass ihre Familie entweder zu arm war, um sie zu pflegen, oder sich nicht um sie kümmerte, oder vielleicht hatte sie ihre Familie auch schon vor langer Zeit verloren. Ganz bestimmt erzählte sie mir von den Hoffnungen und Träumen, die sie für ihr Leben gehabt hatte, und von den großen Enttäuschungen, als sich diese immer wieder zerschlugen. Ihre Trauer wurde von Minute zu Minute heftiger, ihr Körper wurde regelrecht von den Gefühlen geschüttelt. So saßen wir nebeneinander auf dem schmalen Feldbett: eine Inderin, die dem Tod nahe war, und eine Amerikanerin, die nicht wusste, wie sie ihr helfen sollte.

Plötzlich empfand ich großes Mitgefühl für meine Schwester.

Ich legte die Arme um sie und zog sie an mich, bis unsere Gesichter nur Zentimeter voneinander entfernt waren. Sie sprach Bengalisch, ich sprach Englisch, glaubte aber, dass der Gott, der sie erschaffen hatte, ihr helfen konnte, mich zu verstehen. Und wenn schon nicht die Worte, dann doch die Liebe, die aus meinen Worten sprach.

„Es tut mir ja so leid, dass du so leiden musst! Dass du jetzt hier ganz allein im Sterben liegst. Es tut mir so leid, dass deine Familie nicht bei dir ist – dass du von allen verlassen wurdest und die letzten Tage deines Lebens unter Fremden verbringen musst. Aber du bist nicht allein! Gott ist bei dir! Du bist ihm unendlich wichtig und du bist auch mir unendlich wichtig. Die Arme, die ich um dich lege, sind seine Arme. Die Finger, mit denen ich dir die Tränen abwische, sind *seine* Finger. Und die Hände, mit denen ich dein Gesicht berühre, sind seine Hände, die dich liebevoll daran erinnern, wie lieb er dich hat. Er liebt dich so sehr, dass er seinen Sohn Jesus gesandt hat, damit du die Ewigkeit mit ihm verbringen kannst! Und heute hat er mich zu dir gesandt, damit ich dich im Arm halte und dir noch einmal sage, wie wertvoll du ihm bist."

Ich konnte ihr nicht versichern, dass sie Mutter Teresas Sterbehaus gesund verlassen würde. Ich konnte ihr nicht garantieren, dass ihre Familie draußen auf sie warten würde, glücklich darüber, dass sie endlich nach Hause käme. Ich konnte ihr nicht versprechen, dass sie ausreichend Schmerzmittel erhalten würde, um ihr das Sterben zu erleichtern. Ich bot ihr nur das eine, das ich ihr anbieten konnte: meine Gegenwart, mich als Person.

Gefäße Gottes

Die meisten von uns haben immer das unheimliche Bedürfnis, alles in Ordnung zu bringen. Wir entdecken eine Notlage und denken: *Beheben! Ich muss etwas tun.* Gebt mir einen Zaun zu flicken, ein Haus zu streichen, einen Brunnen zu graben, eine Lektion zu unterrichten, ein Medikament zu verabreichen. Egal, was – es muss bloß etwas Praktisches sein! Wir Westler sind für diese Haltung vermutlich anfälliger als andere. Wir denken: *Selbst ist der Mann*, und eilen herbei, um zu beheben, zu verbessern und zu heilen. Missstände zu beheben ist an sich nicht falsch, doch das sollte nicht unser *erster* Impuls sein. Stattdessen sollten wir dem Beispiel folgen, das Gott uns gegeben hat, als er unsere tiefe geistliche Not sah.

Gott wusste, dass wir einen Retter brauchten, der die gestörte Beziehung zwischen der Menschheit und ihm wieder in Ordnung bringen würde. Er setzte die Geschichte in Bewegung, um uns Jesus zu genau dem richtigen Zeitpunkt zu schicken. Er wartete nicht nur mit einem Plan oder einer Strategie auf, er kam in einer Person. Er schickte keinen Engel, er kam selbst:

„Und er wurde ihnen zum Retter in all ihrer Not. Nicht Bote noch Engel – er selbst hat sie gerettet. In seiner Liebe und in seinem Erbarmen hat er sie erlöst" (Jesaja 63,8–9; ELB).

„Er, der das Wort ist, wurde Mensch und lebte unter uns" (Johannes 1,14; NL).

Immer wieder erinnerte Gott im Alten Testament seine Kinder daran, dass er bei ihnen war. Sie sollten sich vor nichts fürchten, denn er war ja bei ihnen. Aber das verstanden sie nicht wirklich. Wie kann man eine Beziehung zu einem Gott haben, den man weder sehen noch anfassen, noch hören kann? Also sandte Gott Jesus, damit wir verstehen, wie er ist:

„Christus ist das Bild des unsichtbaren Gottes" (Kolosser 1,15; NL).

„In dem Sohn zeigt sich die göttliche Herrlichkeit seines Vaters, denn er ist ganz und gar Gottes Ebenbild" (Hebräer 1,3; Hfa).

Gott machte uns das größte Geschenk, das er uns geben konnte: Er gab uns sich selbst. Und jetzt erwartet er von uns, dass wir das Gleiche für andere tun. Als Nachfolger Jesu sind Sie und ich Gefäße Gottes. Wir tragen seinen Heiligen Geist in uns, in den zerbrechlichen irdenen Gefäßen unseres Körpers. Der Apostel Paulus beschreibt das Licht Gottes in uns folgendermaßen:

„Denn Gott, der sprach: ,Es werde Licht in der Finsternis', hat uns in unseren Herzen erkennen lassen, dass dieses Licht der Glanz der Herrlichkeit Gottes ist, die uns im Angesicht von Jesus Christus sichtbar wird.
Doch diesen kostbaren Schatz tragen wir in zerbrechlichen Gefäßen, nämlich in unseren schwachen Körpern. So kann jeder sehen, dass unsere Kraft ganz von Gott kommt und nicht unsere eigene ist" (2. Korinther 4,6–7; NL).

Wenn ich Jesus Christus als Retter und Herrn annehme, dann nimmt er in mir Wohnung. Folglich habe ich kein neues, verbessertes „Ich" anzubieten; ich biete vielmehr *ihn* an. In jeden Raum, den ich betrete, in jede Situation bringe ich ihn mit, weil er in mir lebt. Ich bringe nicht nur mich selbst, ich bringe den Gott des Universums! Ich alleine habe einem anderen Menschen nicht viel zu bieten, doch wenn ich Gott mitbringe, dann habe ich den Einen mitgebracht, den sie am dringendsten brauchen. So wie es für die bengalische Frau in Kalighat wichtig war, dass man ihr den unsichtbaren Gott sichtbar machte.

Wie wurde er für sie sichtbar? Kein blendendes Licht erfüllte den Raum, keine Trompete schmetterte mit ohrenbetäubendem Lärm, keine donnernde Stimme übertönte alle anderen Geräusche. Doch indem ich sie in den Arm nahm, ihr die Tränen abwischte, ihr tief in die Augen sah, mit ihr weinte und ihr von Jesu unauslöschlicher Liebe zu ihr erzählte, wurde Jesus real und sichtbar. Ich machte ihn für sie real, indem meine Hände und Füße zu seinen wurden, indem ich mich so verhielt, wie er sich verhält, indem ich so liebte, wie er liebt, indem ich barmherzig und voller Mitgefühl war, indem ich das Beste gab, das ich hatte: Jesus Christus in mir.

Als die Israeliten aus Ägypten auszogen, war Gott *mit* ihnen. Seine Gegenwart zeigte sich in der Feuersäule und der Wolke, die sie durch die Wüste Sinai führten. Doch als die Zeit gekommen war, kam Gott in menschlicher Gestalt auf die Erde, um bei uns zu sein. Er sandte Jesus, um auf ganz neue Art und Weise *mit uns* zu sein. Jesus lachte über Kinderspäße, weinte am Grab eines lieben Freundes, beugte sich hinunter, um einen leprakranken Mann zu berühren, wies eine ausgestoßene Frau freundlich zurecht und gab sein Leben für unsere Schuld. Dadurch, dass Gott „in unserer Haut steckte", wurde die Wahrheit plötzlich persönlich und vertraut. Jetzt glauben wir, wenn Jesus sagt, dass Gott uns liebt. Das Leben Jesu hat veranschaulicht, wer Gott ist. Und dies ist auch die Hauptaufgabe von uns Christus-Nachfolgern: einer Welt, die den unsichtbaren Gott noch nicht kennt, zu zeigen, wie dieser ist. Wir haben die Möglichkeit, in seiner Not *mit* einem anderen Menschen zu sein und dadurch diesem Menschen Gott nahezubringen. Wir sollen die Menschwerdung Gottes verkörpern – Gott mit uns, Gott in uns. Das ist ein wesentlicher Bestandteil gelebten Glaubens.

Als ich dieses simple, aber tiefgründige Konzept der „Gegenwart" einmal verstanden hatte, erkannte ich, dass im Grunde jede Begegnung mit einem anderen Menschen eine wertvolle Möglichkeit ist, diesen Menschen so zu behandeln, wie Jesus Menschen behandelte. Jede Begegnung stellt eine Gelegenheit dar, den unsichtbaren Gott sichtbar zu machen.

Die Unberührbaren berühren

Im Oktober 2004 reiste ich auch zum ersten Mal auf die Philippinen und bat darum, ein Sanatorium für Leprakranke besuchen zu dürfen. Warum interessierte ich mich für Lepra? Nun, zum einen interessierte Jesus sich für Leprakranke! Zweitens ergeht es Leprakranken ähnlich wie HIV-Positiven, denn Lepra wirkt sich ähnlich wie HIV auf das körperliche, emotionale und soziale Leben eines Menschen aus. Lepra und HIV greifen den Körper zwar auf sehr unterschiedliche Weise an, doch beide schwächen und zerstören. Lepra ist eine grausame Erkrankung, die bei Infizierten zu bleibenden Nervenschäden führt. Die betroffenen Gliedmaßen werden gefühllos, was dazu führt, dass Verletzungen unbemerkt bleiben. Verbrennungen, Schürfwunden, Prellungen, Schnitte und sogar Knochenbrüche rufen keinerlei Schmerzempfinden hervor. Häufig ist Wundbrand das erste Anzeichen dafür, dass etwas nicht in Ordnung ist, und in der Folge fallen einem Menschen oft Finger, Zehen oder die Nase ab. Wunden heilen schlecht oder gar nicht. Und wo unbehandelte Wunden schlecht verheilen, entstehen Narben.

Leprakranke sind auch heute noch stigmatisiert und isoliert und werden gezwungen, abseits ihrer Familien und ihres Freundeskreises zu leben. Oft leben sie in Lagern außerhalb des Dorfes und warten auf den Tod. Wer Glück hat, wird zur Behandlung in ein Sanatorium geschickt. Entsprechend erleben auch HIV-Positive, dass sie sozial ausgegrenzt, abgelehnt, angepöbelt und sogar verfolgt werden, was zu tiefer Scham und Hass auf sich selbst führt. In manchen Kulturen kommt es immer wieder vor, dass Männer ihre Frauen verprügeln, wenn sie von der Diagnose erfahren. Nachbarn lassen ihre Kinder nicht mehr mit den Kindern einer Familie spielen, in der jemand HIV-positiv ist. Menschen mit Aids können ihre Arbeitsstelle verlieren, wenn ihre Krankheit bekannt wird. Viele wurden gebeten, ihre Gemeinde zu verlassen.

In dem Sanatorium in Manila besuchten wir zunächst eine Männerstation. Aus reiner Gewohnheit streckte ich die Hand aus, um einen kleinen, dünnen Mann zu begrüßen, der in dem Bett lag, das der Tür am nächsten war. Langsam hob er den Arm, um meine Begrüßung zu erwidern, und in diesem Augenblick erkannte ich, dass er keine Finger mehr hatte. Da kam eine Hand auf mich zu, die nur noch aus einem Stumpf bestand. Ich schäme mich, eingestehen zu müssen, dass ich gegen den Reflex ankämpfen musste, die Hand zurückzuziehen. In mir spielte sich in Millisekunden ein Zwiegespräch ab: „Fass ihn nicht an! Das ist eklig!" – „Stimmt, es ist eklig, aber so schlimm nun auch wieder nicht. Du bist einfach nur nicht daran gewöhnt, entstellte Körper zu sehen. Nun mach schon, schüttle ihm die Hand." Ich überwand meinen anfänglichen Widerwillen und begrüßte ihn herzlich.

Danach gingen meine Übersetzerin und ich von Bett zu Bett und sprachen mit den Patienten. Es stellte sich heraus, dass sie alle von der Lepra geheilt worden waren, aber wegen der von der Krankheit hinterlassenen Entstellungen in ihren Dörfern nicht mehr willkommen waren. Manche lebten schon seit 20 Jahren in dem Sanatorium und betrachteten es als ihr Zuhause – sie würden nie mehr zu ihren Familien zurückkehren. Viele hatten keine Zähne mehr und deshalb eingefallene Wangen. Den meisten fehlten Finger, Zehen, Nasen, Ohren, Gliedmaßen – sie waren vernarbt und gingen gebeugt. Wir fragten jeden Einzelnen, in welcher Weise wir für ihn oder sie beten konnten, und hielten dann ihre verstümmelten Hände in den unseren, während wir Gott baten, ihnen zu geben, was sie brauchten.

Nach einer Weile winkte ein kleines Grüppchen älterer Frauen die Übersetzerin zu sich heran und erkundigte sich, warum wir sie besuchten. Eine winzige, grauhaarige Frau wurde zur Gruppensprecherin. Sie konnte es einfach nicht glauben, dass wir gekommen waren – wo wir doch Amerikanerinnen waren. Sie hatte Mühe, ihre Gedanken in Worte zu fassen: „Warum seid ihr hierhergekommen? Warum berührt ihr uns? Wisst ihr denn nicht, dass wir Abschaum sind?" Ich musste an die Leprakranken zu biblischen Zeiten denken, die jeden, der in ihre Nähe kam, vor ihrer „Unreinheit" warnen mussten, da es als Schande galt, an dieser ansteckenden, gefürchteten Krankheit zu leiden. Diese Frau glaubte ebenfalls, dass sie und ihre Freundinnen unrein waren.

Das versetzte mir einen Stich, und ich sprach ihr die Worte zu, die wie keine anderen Balsam für die Seele sind: „Ihr seid kein Abschaum! Ihr seid Gott wichtig und ihr seid uns wichtig." Sie konnte es einfach nicht glauben. Warum beschmutzten wir uns, indem wir uns mit ihnen, den Ausgestoßenen, abgaben? Warum kümmerten wir uns um Menschen, die sonst ignoriert und abgelehnt wurden? Ich sprach weiter: „Gott hat euch nicht vergessen. Er hat uns heute zu euch geschickt, um euch daran zu erinnern, wie sehr er euch liebt!" Sie lächelte. Meine Worte machten noch keinen wirklichen Eindruck, aber unsere Umarmungen schon. Um ehrlich zu sein, hatte ich am Anfang des Tages selbst noch gedacht, dass sie Abschaum seien – meine erste Reaktion hatte meine wahren Gefühle offenbart –, doch Gott gab mir die Chance, diesen Menschen durch etwas so Einfaches wie eine Berührung seine tiefe Liebe und Wertschätzung zu zeigen.

Wenn wir Menschen berühren, die krank und schwach sind, Schmerzen haben oder vernarbt, versehrt und entstellt sind – Menschen, deren Körper oder Geist alles andere als heil ist –, erinnerte es sie daran, dass sie trotz allem wertvolle Menschen sind. Wenn wir bereit sind, alle Angst, allen Widerwillen und alles Unbehagen zu überwinden, das wir beim Anblick ihrer Entstellungen empfinden mögen, wird Gottes Gegenwart in dieser Welt erfahrbar. Wir machen den unsichtbaren Gott für sie sichtbar.

Zwei Jahre später suchte ich dasselbe Leprasanatorium erneut auf, um unsere neugewonnenen Freunde zu besuchen. Dieses Mal brachten wir Zeitschriften, Schokoriegel und Bodylotion für trockene Haut mit. Wir erzählten dem Direktor, was wir mitgebracht hatten, und seine Antwort berührte mich. „Danke, dass Sie Geschenke mitgebracht haben", sagte er. „Unsere Bewohner werden sich darüber freuen. Doch das größte Geschenk, das Sie ihnen machen können, sind *Sie selbst*." Er fasste in Worte, was ich selbst schon als Wahrheit erkannt hatte, aber dies derart glasklar von einem Mann zu hören, der tagein, tagaus mit einsamen Menschen zu tun hatte, bedeutete mir viel und zeigte mir, dass wir auf dem richtigen Weg waren.

Bieten Sie sich selbst an

Während meiner Krebserkrankung waren der größte Trost für mich nicht die Bibelverse, die mir geschickt wurden, oder die tollen Mahlzeiten, die liebevoll von Gemeindegliedern zubereitet wurden, oder die Bücher über Leben mit Krebs. Der größte Trost war für mich die *Gegenwart* von Familienmitgliedern und Freunden, die sich einfach zu mir setzten, manchmal ohne etwas zu sagen. Sie brachten mir in meinem Leid den übernatürlichen Trost des Heiligen Geistes, einfach indem sie *bei mir waren*.

Als ich anlässlich der Chemotherapie im Krankenhaus lag, war es für mich meist eine Qual, mich zu unterhalten. Alle meine Sinne waren hochsensibel und überreizt. Von Gerüchen wurde mir schlecht, Licht war zu grell, Geräusche wirkten überlaut und brachten meinen Kopf regelrecht zum Platzen, die Baumwolllaken waren wie Schmirgelpapier. Meine Gefühle waren zwiespältig: Ich wollte in meinem Elend einfach nur für mich sein, aber trotzdem wollte ich nicht alleine sein. Rick saß stundenlang an meinem Bett, ohne zu reden. Mal las er etwas, mal arbeitete er an seinem Computer, mal hielt er ein Nickerchen – aber er war immer da. Und am schönsten war, dass er in jenem Jahr beschloss, in keinem der 13 Weihnachtsgottesdienste zu predigen, sondern bei mir zu bleiben. Wenn Sie selbst kein Pastor sind, verstehen Sie vielleicht nicht, was an dieser Entscheidung so außergewöhnlich war, aber Rick lebt für Weihnachten und Ostern. Denn dann gehen all die Leute zur Kirche, die Jesus noch nicht kennen! Es war ein echtes Opfer für ihn, auf seine Lieblingsgelegenheit zum Predigen zu verzichten. Ich liebte ihn dafür, dass ich ihm wichtiger war als sein Dienst. Er beschloss, *bei* mir zu sein.

Hiob war ein Mann, dem schlimme Dinge widerfuhren. Innerhalb kürzester Zeit verlor er seine Kinder, seinen Reichtum und seine Gesundheit. Seine verbitterte Frau war ihm kein Trost. Im Gegenteil, sie forderte ihn noch auf: „Mach doch Schluss mit Gott und stirb!" (Hiob 2,9; Hfa). Trost kam, als drei seiner Freunde auftauchten: „Dann setzten sie sich neben Hiob auf die Erde. Sieben Tage und sieben Nächte blieben sie so sitzen, ohne ein Wort zu sagen; denn sie sahen, wie furchtbar Hiob litt" (Hiob 2,13; GN).

Hiobs Freunde taten genau das Richtige. Als sie sahen, wie sehr ihr Freund litt und wie traurig er war, versuchten sie es gar nicht erst mit tröstlichen Worten. Sie saßen einfach schweigend neben ihm; sie waren *bei ihm*. Dass sie neben Hiob auf der Erde saßen, brachte ihm mehr Trost, Liebe, Freundlichkeit und Mitgefühl als alle ihre Worte zusammen genommen. Ja, als sie dann schließlich doch noch den Mund aufmachten, ging es gründlich schief! Sie fingen an, darüber zu räsonieren, warum Hiob wohl litt, und vermuteten, dass er verborgene, unbekannte Schuld auf sich geladen haben müsse. Dass seine Freunde ihn nicht verstanden, machte Hiobs Leiden nur umso schlimmer. Ihre stille Gegenwart war für ihn tröstlich gewesen; ihr Geplapper verletzte ihn.

Vielleicht hat Sie beim Lesen dieses Buches das Ausmaß des Leidens anderer Menschen entmutigt, vielleicht sind Sie auch deprimiert, dass Sie nicht die Macht haben, Dinge im großen Stil zu verändern. Ich habe eine gute Nachricht für Sie: Sie brauchen überhaupt keine groß angelegte Strategie, um Armut, HIV/Aids, Analphabetentum, Ungerechtigkeit, Gier und Leiden zu beseitigen. Wenn Sie an Jesus Christus glauben, dann *haben* Sie bereits das Zeug dazu, um jedem Menschen, dem Sie begegnen, Hilfe, Hoffnung und Trost zu bringen.

Jetzt denken Sie vielleicht: *Ich bin nicht Mutter Teresa. Ich bin nicht heilig.* Im Gegensatz zur weitverbreiteten Meinung glaube ich nicht, dass sie eine Heilige war, wenn mit „heilig" gemeint ist, dass jemand in einer anderen Liga spielt als wir Normalsterblichen. Wenn es keine Monster gibt, dann gibt es auch keine Heiligen. *Wir alle* sind genauso zum Schlechten fähig wie zum Guten. Wenn wir uns vom Bösen beherrschen lassen, tun wir schreckliche Dinge. Wenn wir uns vom Geist Gottes beherrschen lassen, können wir so aufopferungsvoll lieben, wie wir es selbst nie für möglich gehalten hätten.

Henri Nouwen machte die folgende weise Beobachtung:

„Jeder Mensch hat eine große, wenngleich oft unerkannte Begabung, sich zu kümmern, barmherzig zu sein, ganz für einen ande-

ren Menschen da zu sein, zuzuhören, zu hören und zu verstehen. *Wenn diese Gabe eingesetzt würde, könnten Wunder geschehen ... Wer schweigend bei seinem Mitmenschen sitzen kann, ohne zu wissen, was er sagen soll, der sich aber bewusst ist, dass er dort genau am richtigen Ort ist, der kann einem Sterbenden neues Leben schenken.*"[12]

Wenn sich Mitglieder aus unserer Gemeinde auf einen Kurzeinsatz vorbereiten, fragen sie häufig: „Und was werden wir dort machen?" Ich sage dann immer zu ihnen: „Euer vielleicht wichtigster Beitrag wird darin bestehen, überhaupt aufzutauchen." Das ist nicht die Antwort, mit der sie gerechnet haben, und es ist auch keine sehr befriedigende Antwort. Manche möchten gerne eine Liste mit Aufgaben und Programmpunkten in die Hand gedrückt bekommen. Sie möchten in der Lage sein, etwas Handfestes zurückzulassen, zum „Beweis" dafür, dass sie während ihres Auslandsaufenthaltes etwas von bleibendem Wert geschaffen haben. Ich kann das gut verstehen – wir alle möchten sicher sein, dass sich die Investition von Zeit, Kraft und Geld auch gelohnt hat und dass wir unsere kostbaren Ressourcen nicht vergeudet haben.

Ich möchte nur darauf hinweisen, dass wir in unserem Eifer, etwas zu *tun*, leicht an den Menschen vorüberhasten, die wir besuchen. Es gibt immer irgendetwas, das getan werden muss; es gibt immer irgendwelche komplexen Probleme, die darauf warten, gelöst zu werden. Doch als Christus-Nachfolger sollten wir darauf achten, dass wir *bei* den Menschen sind – dass wir ihnen in die Augen sehen und uns ihre Geschichten anhören, dass wir uns etwas Zeit nehmen, um ihre Erlebnisse nachzuvollziehen, seien diese nun schön oder schmerzhaft. Auf diese Weise wird der unsichtbare Gott sichtbar.

Hingabe

Werden Sie anderen die größte Gabe, die Sie besitzen, anbieten – den Gott, der in Ihnen wohnt?

Gebet

Herr, danke, dass du deinen Sohn gesandt hast, um mir die Gewissheit zu schenken, dass das Leben keine einsame Wanderschaft ist. Ich staune darüber, dass du selbst neben mir gehst und mir auch noch weitere Weggenossen zur Seite stellen möchtest. Danke, Jesus, dass du alles aufgegeben hast, was dir von Rechts wegen zustand, um mir das größte Geschenk überhaupt zu machen: dass du *bei mir* bist. Hilf mir dabei, mich auf die Menschen in ihrer Not einzulassen – vor allem auf solche, die an Körper und Geist gebrochen sind – und ihnen meine Gegenwart zu schenken. Ich stelle mich zur Verfügung, um schweigend dazusitzen, zuzuhören, bei dem Betroffenen zu sein, ohne ihn „in Ordnung" bringen zu wollen, und nicht meine Lösungen anzubieten, sondern mich selbst. Bitte lebe du durch mich.

Praktische Schritte

❶ Halten Sie inne, und denken Sie einmal darüber nach, bei welcher Gelegenheit die Anwesenheit eines anderen Menschen eine schmerzliche Situation für Sie erträglicher gemacht hat. Wenn Sie einen Lesepartner haben, dann sprechen Sie bei Ihrem nächsten Treffen über dieses Erlebnis.

❷ Fassen Sie den Entschluss, einem Familienmitglied oder einem Kollegen wirklich zuzuhören, anstatt Ihre Gedanken wandern zu lassen, wenn diese etwas sagen. Bemühen Sie sich bewusst darum, bei den Menschen zu sein, die Gott Ihnen über den Weg schickt.

Kapitel 8

Eine bewusste Entscheidung

„Sind andere Menschen glücklich, dann freut euch mit ihnen. Sind sie traurig, dann begleitet sie in ihrem Kummer" (Römer 12,15; NL).

„Es berührt die Sterbenden, wenn sie von uns Liebe empfangen. Gott, so ihre Schlussfolgerung, muss dann ja sogar noch freundlicher, noch großzügiger sein, und so kommen sie Gott ganz nahe" (Schwester Dolores, Missionarinnen der Nächstenliebe).

Das mir mittlerweile vertraute, nervöse Kribbeln in der Magengegend setzte ein und ich bekam schweißnasse Hände. Ich warf dem jungen Ehrenamtlichen, der den Besuch in der Aidsklinik arrangiert hatte, einen Blick zu. Dieser nickte mir unmerklich zu, als wollte er sagen: „Mach schon!" Ich blickte wieder in die Gesichter der Patienten, die mich anstarrten. Noch ein gehetzter Blick zu dem jungen Mann, der nun energischer nickte und durch die Zähne hervorstieß: „Na mach schon!"

„Mach *was?*", schrie ich innerlich. „Das war nicht ausgemacht. Ich habe doch keine Rede fix und fertig in der Tasche, die ich mal eben vor diesen Leuten halten könnte!

Warum bringt Gott mich denn immer wieder in solche Situationen?!"

Als Fürsprecherin für Menschen mit HIV/Aids bemühe ich mich stets, mehr über diese Krankheit zu erfahren – ich möchte verstehen, wie sich die Pandemie an verschiedenen Orten auf der Welt auswirkt, damit ich zu Hause andere über die Zustände informieren und ihnen meine Erlebnisse nahebringen kann. Mir ist bewusst, dass nur wenige die Gelegenheit haben, so ausgiebig zu reisen wie ich, deshalb gehört es zu meinen Aufgaben, die Geschichten von Männern, Frauen und Kindern aus Afrika, Indien, Asien, Lateinamerika und Osteuropa zu erzählen, damit sich Westler eine Vorstellung davon machen können, wie die Menschen in diesen Teilen der Welt leben. Ich bin weder Fotografin noch Malerin, ich male mit Worten Bilder, die das Leben leidender Mitmenschen darstellen.

Und nun stand ich also hier in Manila in einem Aidshospiz, wo ich gerade erst vor wenigen Minuten eingetroffen war. Ich war darauf eingestellt gewesen, die Patienten einzeln zu besuchen, von Bett zu Bett zu gehen, mit ihnen zu beten und ihnen Mut zuzusprechen. Doch gleich nach unserer Ankunft hatte man uns in einen kleinen Warteraum gebeten. Wenig später vernahm ich das Schlurfen vieler Füße. Dann schlüpfte ein erbarmungswürdiges Grüppchen von elf Frauen und Männern und zwei kleinen Jungen leise in den Raum; viele schleppten einfache Tropfständer hinter sich her. Sie setzten sich in einen Kreis und warteten gespannt auf etwas – aber auf was? Ich hatte keine Rede vorbereitet. Ich hatte ja gedacht, ich würde die Patienten einzeln besuchen, und von HIV-positiven Kindern war auch nie die Rede gewesen. Der Umgang mit HIV-infizierten Erwachsenen ist eine Sache, doch sich um HIV-infizierte Kinder zu kümmern ist etwas ganz anderes; das nimmt einen viel mehr mit. Diese Kinder sind so verletzlich – verletzlicher als wir alle. Die Jungen waren klein und schmächtig, an Armen und Beinen zeigte sich Ausschlag. Es machte mich tieftraurig zu sehen, wie ihre Körper ohne das außer Gefecht gesetzte Immunsystem immer mehr verfielen. Weder lächelten sie, noch gingen sie auf unsere spielerischen Annäherungsversuche ein, sondern sie schmiegten sich lieber dicht an ihre Eltern.

Da ich von 13 Personen düster angestarrt wurde, tat ich in meiner Panik das Einzige, was mir in dem Moment einfiel: Ich fragte sie, ob wir für sie beten dürften. Sie teilten uns durch den Übersetzer mit, dass wir ihre Hände halten und beten dürften.

Ich fragte schwach: „Was können wir heute für Sie beten?"

Ein Mann, den ich für eine Frau gehalten hatte, sagte laut auf Englisch: „Diese Schmerzen! Diese Schmerzen! Oh, diese Schmerzen! Ich halte diese Schmerzen nicht mehr aus!" Er rieb sich heftig die Oberschenkel. „Ich will nur noch sterben! Es ist mir völlig wurscht, ob ich in den Himmel oder in die Hölle komme – ich will nur, dass diese Schmerzen endlich aufhören!"

Sein Ausbruch verschlug mir die Sprache. Mir blieb jedes Wort im Halse stecken. Dann blickte ich mich im Kreis um, wie wohl die anderen Patienten auf sein erschütterndes Geständnis reagierten. Allen strömten die Tränen über die Wangen, nur den kleinen Jungen nicht; deren Gesichter waren ausdruckslos und verschlossen.

Ich legte dem Mann, der so starke Schmerzen litt, einen Arm um die Schultern, drückte die Hand eines Patienten auf meiner anderen Seite und schüttete Gott im Namen meiner neuen Freunde das Herz aus:

„Gott, wir sind heute hierhergekommen, um unsere Freunde daran zu erinnern, dass du sie liebst, dass du sie nicht vergessen hast und sie nie verlassen wirst. Es mag sein, dass wir einander auf dieser Erde nie mehr wiedersehen werden, doch an diesem einen Tag sind wir gekommen, um ihnen die Last aus Schmerzen, Leid und Traurigkeit ein wenig abzunehmen. Wir tragen ihren Schmerz wie unseren eigenen und weinen mit ihnen. Wir bitten dich um Erbarmen. Bitte erlöse sie von diesen schrecklichen Schmerzen und Qualen. Bitte schenke, dass die Medikamente anschlagen. Jesus, ihre Schmerzen sind dir nicht fremd. Du kennst jede Stelle ihres Körpers, die weh-tut, alle Körperteile, die nicht mehr richtig arbeiten und ver-sagen. Bitte hilf ihnen, heute Nacht friedlich zu schlafen. Bitte erinnere sie in Zukunft an uns, wenn sie sich verlas-sen und wertlos fühlen. Bitte erinnere sie daran, dass so, wie wir gekommen sind, um ihren Schmerz einen Tag lang zu tra-gen, du ihren Schmerz *jeden* Tag tragen möchtest. Danke, dass dieses Leben nicht alles ist, sondern dass wir auf ein anderes Leben hoffen dürfen, in dem es keinen Schmerz, kein Leid, keine Traurigkeit, keine Krankheit und keine Trauer mehr ge-ben wird."

Jenes geflüsterte Gebet brach das Eis. Als ich zu Ende gebe-tet hatte, ging unser Team instinktiv mit ausgebreiteten Ar-men auf diese Menschen zu, die sich in verschiedenen Sta-dien des Sterbens befanden. Anfangs waren sie uns gegenüber stumm oder reserviert gewesen, doch plötzlich mischten sich unsere Tränen mit den ihren, wir lagen einander in den Ar-men und sie drückten sich eng an uns und sogen den Trost in sich auf, der von körperlicher Berührung ausgeht.

Ich habe die Erfahrung gemacht, dass Kranke oft nach Be-rührung hungern. Ein Arm, der sich um ihre Schultern legt, ein Kuss auf ihre Wange, ein warmer Händedruck – all dies lässt sie spüren, dass sie tatsächlich noch liebenswert, geschätzt und wertvoll sind. Jesus hat es uns vorgemacht. Er legte die Arme um die Kinder und zog sie an sich. Er berührte den Leprakranken und heilte ihn. Er blickte der Frau, die die Ehe gebrochen hatte, in die Augen und erinnerte sie daran, dass sie immer noch wertvoll war, obwohl ihr Verhalten sie für andere zu einer Ausgestoßenen gemacht hatte. Körperliche Berührungen vermitteln wie kaum etwas anderes Annahme und Liebe. Damit drückt man aus: „Du liegst mir sehr am Herzen."

An jenem Tag beschlossen wir – bewusst, vorbehaltlos und willig –, den Schmerz von Menschen auf uns zu nehmen, denen wir nie zuvor begegnet waren und die wir vermutlich nie mehr wiedersehen würden. Wir beschlossen, die Qualen, die sie durchmachten, auf uns zu nehmen und uns verwundbar zu machen. Barmherzigkeit ist die Entscheidung, den Schmerz eines anderen zu teilen – und das widerspricht unserem instinktiven Wunsch, uns vor Schmerz zu schützen. Doch für andere zu tun, was er für uns getan hat, erfordert Selbstaufopferung und Gehorsam gegenüber Jesus.

Den Schmerz wählen

Gott hätte Jesus einfach nur schicken können, damit dieser bei uns Menschen war, ein Stück des Weges mit uns geht, das Leben durch unsere Augen sieht und uns in unseren Schmerzen und Leiden beisteht. Das wäre schon mehr gewesen, als wir eigentlich verdient hätten. Doch Gott hat es nicht dabei belassen. Er bat Jesus, noch einen Schritt weiter zu gehen und tatsächlich unsere Schmerzen zu erleiden. Jesus hat unser Leiden auf sich genommen. Er hat nicht nur mitfühlend genickt, als wir verloren waren und mit all unserer Schuld starben. Er hat nicht nur Tränen des Mitgefühls vergossen, als wir weinten. Er sah unseren Schmerz und war bereit, sich damit zu belasten. Er war bereit, sich von unserem Schmerz betrüben zu lassen und sogar unsere Schuld auf sich zu nehmen und an unserer Stelle zu sterben. Er ließ sich von unseren Wunden verwunden. Das bedeutet „mitleiden" – es ist die bewusste Entscheidung, fremde Schmerzen auf sich zu nehmen. Der Apostel Petrus drückt dies folgendermaßen aus: „Unsere Sünden hat er ans Kreuz hinaufgetragen, damit sind wir für die Sünden tot und können nun für das Gute leben. Durch seine Wunden seid ihr geheilt worden!" (1. Petrus 2,24; NL).

Der Prophet Jesaja beschreibt dies sehr eindrücklich:

„Dabei war es unsere Krankheit, die er auf sich nahm; er erlitt die Schmerzen, die wir hätten ertragen müssen. Wir aber dachten, diese Leiden seien Gottes gerechte Strafe für ihn. Wir glaubten, dass Gott ihn schlug und leiden ließ, weil er es verdient hatte.
Doch er wurde blutig geschlagen, weil wir Gott die Treue gebrochen hatten; wegen unserer Sünden wurde er durchbohrt. Er wurde für uns bestraft – und wir? Wir haben nun Frieden mit Gott! Durch seine Wunden sind wir geheilt.
Wir alle irrten umher wie Schafe, die sich verlaufen haben; jeder ging seinen eigenen Weg. Der Herr aber lud alle unsere Schuld auf ihn. […]
Deshalb gebe ich ihm die Ehre, die sonst nur mächtige Herrscher erhalten. Mit großen Königen wird er sich die Beute teilen. So wird er belohnt, weil er den Tod auf sich nahm und zu den Verbrechern gezählt wurde. Doch er hat viele von ihren Sünden erlöst, denn er ließ sich für ihre Verbrechen bestrafen" (Jesaja 53,4–6.12; Hfa).

Auf die Gefahr hin, mich zu wiederholen: Die Art und Weise, wie Jesus den unsichtbaren Gott für uns sichtbar macht, zeigt uns, wie wir mit dem Schmerz anderer Menschen umgehen sollen. Schon bei Jesaja können wir dies nachlesen: „Dabei war es unsere Krankheit, die [Jesus] auf sich nahm; er erlitt die Schmerzen, die wir hätten ertragen müssen. Wir aber dachten, diese Leiden seien Gottes gerechte Strafe für ihn. Wir glaubten, dass Gott ihn schlug und leiden ließ, weil er es verdient hatte." Lassen Sie sich von der Vorstellung des schrecklichen Blutvergießens am Kreuz nicht den Blick dafür trüben, wie wunderbar und schön das war, was Jesus für Sie tat. Jemand liebte Sie so sehr, dass er Ihr Leiden auf sich nahm. Jemand war bereit, sich von dem, was Sie kaputt macht, kaputt machen zu lassen. Als seine Nachfolger Jesu sollten daher auch wir nach denen Ausschau halten, die vom Leid zerschlagen und gebrochen sind, und ihnen anbieten, *mit ihnen* zu leiden.

Der Schriftsteller Lewis Smedes erinnert uns daran, dass wir alle irgendwann einmal Leid erfahren. Mal leiden wir aufgrund von etwas, das wir getan haben, mal wegen etwas, das ein anderer getan hat. Smedes lädt uns ein, in unserem Leiden radikal zu werden, indem wir beschließen, *mit* einem anderen Menschen zu leiden:

„So viel zum Thema, ein Opfer von Leiden zu sein. Wir wollen uns nun wieder dem Kerngedanken zuwenden: freiwilliges Leiden. Mit anderen Menschen leiden! Wir leiden mit anderen Menschen, wenn wir aus freien Stücken beschließen, uns von ihren Schmerzen wehtun zu lassen. An diesem Punkt geht es nicht darum, dass wir uns in der Opferrolle sehen. Hier entscheiden Sie selbst, ob Sie verletzt werden möchten oder nicht. Bei diesem Leiden haben wir alle Freiheit der Welt – die Freiheit zu leiden oder davonzurennen, die Freiheit, Schmerz auf uns zu laden oder Nein zu sagen. Jetzt leiden wir keine Schmerzen, weil das Schicksal uns eins auswischt, nein, wir leiden nur deshalb Schmerzen, weil wir beschlossen haben, die Leiden zu teilen, die das Schicksal anderen Menschen auferlegt hat. Das brocken wir uns also selber ein. Wir ergreifen die Initiative, wir lassen Leidende so dicht an uns herankommen, dass ihr Schmerz durch ihre Haut und bis in unser Herz dringt, bis

ihr Schmerz schließlich unser Schmerz wird. Es ist die Ironie des selbstgewählten Schmerzes, dass wir freiwillig einen Schmerz akzeptieren, den wir gar nicht spüren wollen. Wir lassen uns freiwillig verwunden, obwohl wir gar nicht verletzt werden möchten. Wir tragen freiwillig eine Last, die wir eigentlich gar nicht tragen wollen. Das ist freiwilliges Leiden. Es ist das Äußerste, was die Liebe zu tun vermag, wenn sie auf andere Mitmenschen zugeht – nicht etwa, um uns an ihrer Gesellschaft zu erfreuen, sondern um mit ihnen verletzt zu werden. [...]
Wenn wir mit jemandem leiden, dann leiden wir aus freien Stücken. Wir beschließen, etwas zu tun, das wir nicht tun müssten und auch nicht tun möchten. Wir laden uns bewusst den Schmerz eines anderen Menschen auf und machen ihn uns zu eigen."[13]

Ist der letzte Satz bei Ihnen angekommen? Wir sollen uns bewusst den Schmerz eines anderen Menschen aufladen und *ihn uns zu eigen machen.*

Ein unfreiwilliges Versprechen

Don, ein Homosexueller, bei dem erst kürzlich eine HIV-Infizierung festgestellt worden war, arbeitete bei einer Aidsberatungsstelle in Orange County. Wir von der Arbeitsgruppe HIV/Aids in *Saddleback* erkundigten uns bei ihm, wie wir einigen seiner Klienten zur Seite stehen könnten. Don wollte sich die Gemeinde erst einmal näher ansehen und so trafen wir uns auf dem Gemeindegelände und ich führte ihn etwa eine Stunde lang herum. Den Abschluss der Tour bildete ein Gespräch in meinem Büro. Wie so manch andere aus der Aidsarbeit, denen ich begegnet bin, war er zwar freundlich, aber zunächst reserviert. Evangelikale – die aus meiner Gemeinde eingeschlossen – haben beim Kampf gegen Aids größtenteils durch Abwesenheit geglänzt, und wenn wir nun 25 Jahre später auftauchen und sagen, dass wir gerne mithelfen möchten, dann weckt das verständlicherweise Misstrauen. Ich kann die Zurückhaltung der Leute verstehen. Don spiegelte lediglich die Haltung derer wider, die aufgrund ihrer sexuellen Orientierung und ihrer Erkrankung Ablehnung und sogar Hass zu spüren bekommen haben.

Als er mich fragte, was mich dazu bewogen habe, mich für Leute mit HIV/Aids einzusetzen, erzählte ich ihm meine Geschichte, auch vom Brustkrebs. Ich sah ihm fest in die Augen, als ich sagte: „Ich bin nicht HIV-positiv, also weiß ich auch nicht, wie es sich anfühlt, in Ihrer Haut zu stecken. Aber bei mir wurde eine lebensbedrohliche Krankheit diagnostiziert und ohne medizinische Behandlung würde ich letzten Endes an Brustkrebs sterben. Der Tod ist mir jetzt viel näher, und ich habe entdeckt, dass ich weniger Angst vor dem Sterben habe als früher." Er berührte meine Hand, die auf dem Tisch lag, und sagte: „Ich habe auch keine Angst vor dem Sterben – ich möchte nur nicht alleine sterben." Er sprach aus, wovor wir uns alle fürchten: vor dem schrecklichen Sterben in Einsamkeit.

Don war an diesem Tag sehr offen und gewährte mir einen Einblick in sein Seelenleben. Es erstaunte mich, dass zwischen mir und einem völlig Fremden auf Anhieb eine solche Vertrautheit entstehen konnte – und das nur, weil wir beide wussten, wie es ist, wenn man dem Tod ins Auge blickt. Ich musste mich zurückhalten, um nicht mit den Worten herauszuplatzen, die mir auf der Zunge lagen – schließlich kannten wir uns gar nicht –, doch ich spürte sofort, dass der Geist Gottes mich drängte, Don ein radikales, wenn auch völlig irrationales Versprechen zu geben.

Ich drückte mich davor, solange wir zusammen waren, doch später am Abend schickte ich ihm eine E-Mail, in der ich ihm mitteilte, dass ich ihm etwas versprechen wollte, auf das er sich verlassen konnte. Hier ist ein Ausschnitt aus meinem Brief:

„Obwohl wir uns ja eigentlich gar nicht kennen, hat mich das, was Sie mir heute erzählt haben, sehr berührt. Ich möchte Ihnen versprechen, dass ich alles in meiner Macht Stehende tun werde, damit Sie nicht alleine sterben. Sie haben vermutlich auch andere Freunde und Verwandte, die bei Ihnen und mit Ihnen sein werden, aber jetzt haben Sie noch einen Menschen mehr."

Das kam auch für mich völlig unerwartet. Vernünftig denkende Menschen versprechen nicht im Voraus, jemandem im Sterben beizustehen – schon gar nicht, wenn sie diese Person eigentlich gar nicht kennen. Ich hatte nie zuvor etwas derart Überstürztes und *Merkwürdiges* getan. Tief im Herzen wusste ich aber, dass dieser Entschluss von Gott kam. Ich hatte keine Ahnung, wie Don darauf reagieren würde, doch er schrieb eine lange, bewegte E-Mail zurück, in der er mir für meine Fürsorglichkeit dankte.

Wir vertieften den Kontakt. Er und sein Partner besuchten *Saddleback* am Muttertag (ausgerechnet an diesem Tag!) und wir vereinbarten ein weiteres Treffen. Doch beinahe ebenso rasch, wie er in mein Leben getreten war, verschwand er auch wieder daraus. Seine Krankheit schritt so schnell fort, dass er seinen Job aufgeben musste, und dann teilte er mir mit, dass er wegziehen würde. Zwar gab er mir seine neue E-Mail-Adresse und eine Postanschrift, aber er schrieb nicht mehr zurück, und ich verlor den Kontakt zu ihm. Mich verwirrte diese Wendung der Dinge sehr. Ich betete: „Gott, ich weiß, dass du Don in mein Leben gebracht hast. Er hat mir gezeigt, wie ich auf einer emotionalen Ebene mit einem Menschen eine Beziehung aufbauen kann und dass es möglich ist, unterschiedliche Wertvorstellungen und Glaubensrichtungen erst einmal außen vor zu lassen, bis eine Freundschaft entstanden ist. Ich dachte, du wolltest, dass ich ihn über einen langen Zeitraum begleite, dass ich ihn kennen-, ihn lieben lerne und ihm bis zu seinem Tod als Freund beistehe. Doch jetzt ist er fort und unternimmt keinen Versuch, in Kontakt zu bleiben. Habe ich dich missverstanden?"

Gott hat meine Fragen im Blick auf Don immer noch nicht beantwortet – aber ich stehe zu meinem Wort. Gott hatte mich dazu aufgefordert, den Schmerz eines anderen Menschen auf mich zu nehmen und bereit zu sein, diesen bis zum Ende mitzutragen – auch wenn das bedeutet sollte, dass ich seinen Schmerz bis zu seinem Tod tragen würde. Ich hatte den Beschluss gefasst *mitzuleiden*.

Jesus lieben, indem ich andere liebe

Jesus erwischte seine ahnungslosen Jünger einmal mit einem „Kompliment" auf dem falschen Fuß. Vermutlich freuten sie sich anfänglich über sein augenscheinliches Lob, doch als sie rätselten, was genau er wohl damit meinen könnte, gerieten sie vollends in Verwirrung: „Denn ich war hungrig und ihr habt mir zu essen gegeben. Ich war durstig und ihr gabt mir zu trinken. Ich war ein Fremder und ihr habt mich in euer Haus eingeladen. Ich war nackt und ihr habt mich gekleidet. Ich war krank und ihr habt mich gepflegt. Ich war im Gefängnis und ihr habt mich besucht" (Matthäus 25,35–36; NL).

Ich kann mir gut den verwirrten Gesichtsausdruck der Jünger vorstellen, als sie Jesus fragen: „Herr, bist du sicher, dass du von den richtigen Jüngern sprichst? Wir können uns gar nicht daran erinnern, dass wir dir zu essen gegeben hätten, als du hungrig warst, oder dass wir dich im Gefängnis besucht hätten. Und dass du einmal nackt gewesen wärst und wir dir etwas zum Anziehen gebracht hätten, daran können wir uns erst recht nicht entsinnen. Vielleicht war das mal, als du frühmorgens aufgestanden und auf die andere Seeseite gegangen bist. Du bringst da was durcheinander." Und Jesus antwortet mit jenen unvergesslichen Worten: „Was ihr für einen der Geringsten meiner Brüder und Schwestern getan habt, das habt ihr für mich getan" (Matthäus 25,40; NL).

Die meisten von uns lesen an dieser Stelle nicht weiter. Die Worte Jesu zeigen uns schon so, dass wir uns an diesem Punkt nicht richtig verhalten, denn uns geht auf, wie wenig wir für die Kranken, die Armen, die Obdachlosen und die getan haben, die im Gefängnis sitzen. Doch Jesus geht noch einen Schritt weiter:

„Und dann wird sich der König denen auf seiner linken Seite zuwenden und sagen: ‚Fort mit euch, ihr Verfluchten, ins ewige Feuer, das für den Teufel und seine bösen Geister bestimmt ist! Denn ich war hungrig und ihr habt mir nichts zu essen gegeben. Ich war durstig und ihr gabt mir nichts zu trinken. Ich war ein Fremder und ihr habt mich nicht in euer Haus eingeladen. Ich war nackt und ihr habt mich nicht gekleidet. Ich war krank und ihr habt mich nicht gepflegt. Ich war im Gefängnis und ihr habt mich nicht besucht.'

Dann werden sie fragen: ‚Herr, wann haben wir dich jemals hungrig oder durstig oder als Fremden, nackt, krank oder im Gefängnis gesehen und dir nicht geholfen?' Und er wird ihnen erwidern: ‚Ich versichere euch: Was ihr bei einem der Geringsten meiner Brüder und Schwestern unterlassen habt, das habt ihr an mir unterlassen!' Und sie werden der ewigen Verdammnis übergeben werden, den Gerechten aber wird das ewige Leben geschenkt" (Matthäus 25,41–46; NL).

Fällt Ihnen etwas auf? Jesus erklärt den Jüngern, dass sie zwei Riesenfehler gemacht haben: Sie haben sich nicht um die Menschen in Not gekümmert, und indem sie sich nicht um diese gekümmert haben, haben sie sich auch nicht um *ihn* gekümmert.

Für den schlussendlichen „Beweis" unserer Liebe zu Jesus gilt ein erstaunlicher Maßstab. Er ist nicht derselbe, den wir für gewöhnlich anlegen, um unsere geistliche Reife zu messen. Der Beweis unserer Liebe zu Jesus ist nicht allein dadurch erbracht, dass wir in die Kirche gehen, die Bibel lesen, fromme Lieder singen, im Chor mitmachen, in der Sonntagsschule unterrichten oder im Begrüßungsteam oder als Ältester dienen (obwohl dies alles dazugehört, wollen wir geistlich wachsen), sondern indem wir die Kranken, die Armen, die Schwachen und die Benachteiligten lieben und ihnen dienen.

Sie können Jesus keine Unterkunft gewähren, ihm eine Mahlzeit auftischen oder ihm ein sauberes Hemd geben. Sie können ihn nicht im Gefängnis besuchen oder ihm ein Glas Wasser anbieten. Doch wenn Sie das für *jene* tun, für die Geringsten, dann tun Sie es für ihn. Und wenn Sie dies *nicht* für jene tun, tun Sie es auch *nicht* für ihn.

Autsch.

Besonders eindrücklich wurde mir dies während meines Besuchs in Mutter Teresas Sterbehaus in Kalkutta bewusst. Egal, wo man hinschaute, überall im „Mutterhaus" (wo die Missionarinnen der Nächstenliebe wohnen und ihre Gottesdienste abhalten) und im Sterbehaus hingen Kruzifixe an den Wänden und darüber eine Tafel, auf der geschrieben stand: „Mich dürstet." Mutter Teresa wollte, dass diese Worte über den Kruzifixen hingen, um die Schwestern und Helfer immer wieder daran zu erinnern, *warum* sie den Ärmsten der Armen dienten. Sie und ich können nicht zurück in die Vergangenheit reisen und Jesus Wasser zu trinken geben, um seinen Durst zu löschen, als er am Kreuz hing, doch wir können zumindest Tag für Tag den Durst der „Geringsten" löschen. Ich kann nicht den Schmerz lindern, den Jesus empfand, als die Nägel sein Fleisch zerfetzten, aber ich kann mich neben eine Frau knien, die schreckliche Schmerzen leidet, und ihr die Stirn abwischen. Ich kann Jesu nackten Körper nicht bedecken, der zum Gespött der Soldaten entblößt war, aber ich kann ein Kind bekleiden, dessen einziges Hemd schmutzig und zerrissen ist. Wenn, wie Mutter Teresa sagte, Jesus in seiner „erschütternsten Gestalt" in den Armen daherkommt, dann erweise ich meinem Retter meine Liebe, indem ich mich um diese Menschen kümmere. Und umgekehrt gilt: Wenn ich es versäume, mich um sie zu kümmern, dann vernachlässige ich im Grunde ihn.

Wenn ich mich bewusst dafür entscheide, die Erfahrungen eines Mitmenschen zu teilen, bereite ich damit die Bühne für den Auftritt Gottes vor. Wie Schwester Dolores, ein Mitglied der Missionarinnen der Nächstenliebe, sagt: „Es berührt die Sterbenden, wenn sie von uns Liebe empfangen. Gott, so ihre Schlussfolgerung, muss dann ja sogar noch freundlicher, noch großzügiger sein, und so kommen sie Gott ganz nahe."[14] Wenn wir beschließen, *mit anderen zu leiden*, zeigen wir damit die Liebe zu unserem Retter, und gleichzeitig zeigen wir den Geringsten, den Letzten und den Verlorenen, dass es einen Retter gibt, der sie liebt.

Ich habe kein Kind durch Aids verloren, doch ich spüre den Schmerz von Millionen Müttern und Vätern, die dies schon haben. Ich habe noch nie einen Ehemann begraben, aber Millionen Frauen schon. Ich bin noch nie wegen einer Krankheit aus meinem Zuhause und meiner vertrauten Umgebung verjagt worden, doch Millionen Menschen schon. Ich stand nie vor der quälenden Entscheidung, ob ich meine Kinder stillen und sie damit dem HI-Virus aussetzen soll oder ob ich künstliche Säuglingsnahrung verwenden soll und sie dadurch mit möglicherweise ebenso lebensgefährlichen Keimen in Kontakt kommen, aber Millionen Mütter schon. Ich habe nie zusehen müssen, wie meine Kinder auf der Suche nach der nächsten Mahlzeit in vergammelndem Müll wühlen, aber Millionen Mütter schon. Ich habe nie einen Sohn oder eine Tochter in den Krieg geschickt, aber Millionen Eltern schon. In jedem dieser Fälle, wenn ich den Schmerz, die Qual, die Verzweiflung meiner Mitmenschen spüre, beschließe ich, ihre Last mit ihnen zu tragen. *Mit anderen zu leiden* ist ein starkes Zeugnis dafür, dass ich Christus nachfolge. Er litt mit mir, nun kann ich um Jesu willen mit einem anderen leiden.

Begreifen Sie allmählich, dass Barmherzigkeit etwas mit einer bewussten Entscheidung zu tun hat? Barmherzigkeit ist kein Gefühl, das Sie wie ein Blitz aus heiterem Himmel trifft. Barmherzig zu sein ist eine bewusste Entscheidung. Wenn Sie aufhören, umzuschalten, weil Ihnen das „Programm" nicht gefällt, und das Böse und das Leid nicht länger leugnen, können Sie damit beginnen, neue Gewohnheiten einzuüben, neue Verhaltensmuster, die eher dem entsprechen, wie Christus sich verhalten würde. Wir sind Jesus Christus am ähnlichsten, wenn wir *beschließen*, anderen das Geschenk unserer Gegenwart zu machen, und wenn wir *beschließen*, das Leiden der Geringsten, der Letzten und der Verlorenen in uns aufzunehmen. Suchen Sie Jesus? Dann werden Sie ihn dort finden.

Hingabe

Werden Sie beschließen, einen Schmerz zu ertragen, der nicht Ihr eigener ist?

Gebet

Vater, danke, dass du Jesus nicht nur gesandt hast, damit er in meinem Schmerz bei mir ist, sondern um meinen Schmerz auf sich zu nehmen. Gib mir den Mut, *mit* einem anderen Menschen zu leiden. Gib mir die Kraft, um nicht nur mein eigenes Leid zu tragen, sondern auch das anderer. Bitte liebe du durch mich. Lass mich so sehr am Leben einer anderen Frau teilhaben, dass ich mich ausschütte vor Lachen, wenn sie feiert, und hemmungslos weine, wenn sie trauert. Möge sie durch mein Lachen und meine Tränen deine Freude hören und deine Barmherzigkeit erfahren.

Praktische Schritte

❶ Beten Sie für einen Menschen, der leidet, und bitten Sie Gott, dass Sie mit ihm *mit*leiden können.

❷ Bringen Sie jemandem, der trauert, Essen vorbei. Besuchen Sie einen Kranken, der Ermutigung braucht. Bieten Sie Ihrer Nachbarin an, einen Abend auf ihr Kind aufzupassen, damit sie endlich wieder mal ausgehen kann. Schreiben Sie einen Brief an jemanden, der unter Depressionen leidet und nicht mehr aus noch ein weiß.

164

Kapitel 9

Unerwartete Verbundenheit

„Darauf könnt ihr euch verlassen, denn Gott steht zu seinem Wort. Er selbst hat euch ja für immer zur Gemeinschaft mit seinem Sohn, unserem Herrn Jesus Christus, berufen" (1. Korinther 1,9; Hfa).

„Wie viel bleibenden Wert die Arbeit hat, die wir öffentlich für Gott tun, entscheidet sich daran, wie eng unsere Einheit mit ihm in den Zeiten der persönlichen Begegnung und Gemeinschaft mit Gott ist" (Oswald Chambers: „Mein Äußerstes für sein Höchstes", 6. Januar).

An einem Nachmittag bahnte sich unsere Gruppe den Weg durch eine belebte Seitenstraße in der Nähe des Kali-Tempels in Kalkutta. Die Straße war auf beiden Seiten von kleinen Gässchen gesäumt und in jedem Gasseneingang lehnten Frauen verschiedenen Alters gegen Mauern. Einige Frauen waren verführerisch gekleidet, andere elegant, wieder andere in Lumpen. Prostituierte. Freudenmädchen. Huren. Gefallene Mädchen. Der politisch korrekte Ausdruck lautet „Sexarbeiterinnen". Ich hatte noch nie zuvor mit einer Prostituierten gesprochen, weder in den Vereinigten Staaten noch sonst wo. Doch an diesem Tag war ich von ihnen umringt.

Seien wir ehrlich: Prostituierte stehen auf der sozialen Leiter ziemlich weit unten. Sie müssen für Witze im Spätabendprogramm im Fernsehen und für Hollywood-Filmmaterial herhalten und ihre Erwähnung treibt auf Abwege geratenen Politikern und Fernsehevangelisten den Schweiß auf die Stirn. Doch niemand behandelt sie wie Menschen. Ich wuchs in dem Glauben auf, dass Frauen nur aus einem einzigen Grund Prostituierte werden: weil ihre Moral zweifelhaft ist. Ich muss gestehen, dass ich nicht gerade erpicht darauf war, Prostituierte kennenzulernen, doch je stärker ich mich für Menschen mit HIV/Aids engagierte, desto klarer wurde mir, dass bezahlter Sex die Sache ist, die vor allem für die Aidspandemie verantwortlich ist. Wenn ich verstehen wollte, in welcher Weise Sexarbeiterinnen und die Verbreitung von HIV zusammenhängen, musste ich den Millionen, die diese Tätigkeit ausüben, ein Gesicht geben. Jeder Schritt auf meinem Weg zur Hingabe an Gott beinhaltete unerwartete Lektionen, und diese Lektionen erhielt ich zumeist von den „Geringsten" – denen, die verletzlich, verachtet und von der Gesellschaft ausgestoßen sind.

Ich entdeckte, dass die Anzahl der Christen, die es als ihren Auftrag betrachten, den Frauen und Männern Hoffnung und einen Neuanfang zu schenken, die in der globalen Sexindustrie arbeiten, zunehmend steigt. Schließlich hat Jesus selbst zwei Frauen mit zweifelhaftem Ruf – die eine war beim Seitensprung ertappt worden, die andere war eine berühmtberüchtigte Prostituierte – nicht zur Schnecke gemacht, als sich ihm die Gelegenheit dazu bot, sondern er behandelte sie respektvoll. Er hat ihr Fehlverhalten zwar nicht stillschweigend übergangen, aber er war freundlich zu ihnen.

Er behandelte sie wie Menschen.

Der äußere Schein kann täuschen

Ein Ehepaar, das inmitten der Bordelle von Kalkutta lebt, arrangierte für mich und meine Freundinnen Judy und Mary ein Treffen mit einigen der Frauen, mit denen sie Freundschaften geknüpft hatten. Sie gingen mit uns zusammen durch diese Seitenstraße voller Prostituierten.

Als wir auf die Hauptstraße traten, auf der es von Autos, Bussen, Fahrrädern und Fußgängern nur so wimmelte, erregten wir Aufmerksamkeit. Obwohl wir unsere Köpfe bedeckt hatten und die für ärmere indische Frauen typischen weit geschnittenen Hosen und übergroßen Blusen trugen, konnten wir doch unsere Hautfarbe und unser fremdländisches Aussehen nicht verbergen. Die Leute starrten uns an und rempelten einander an, während sie sich die Hälse verrenkten, um einen Blick auf diese seltsamen Frauen zu erhaschen, die da mit den Prostituierten sprachen, die gerade ihrem Gewerbe nachgingen. Um weiteres Aufsehen zu vermeiden, überredeten wir drei der Frauen, mit uns in ein Taxi zu steigen und zu einer kleinen Teestube zu fahren, wo wir uns ungestört unterhalten konnten. Unsere Missionarsfreunde hatten den Raum renoviert und benutzten ihn jetzt als einen Rückzugsort, an den die Frauen gehen konnten, ohne belästigt zu werden.

Der Raum war frisch gestrichen und schlicht mit einem kleinen Tisch und Stühlen möbliert, doch die drei Prostituierten wollten nicht auf den Stühlen Platz nehmen, sondern setzten sich mit dem Rücken an die Wand auf den Fußboden. Ich kam mir komisch vor, auf einem Stuhl zu sitzen, während sie da auf dem Boden hockten, deshalb ließ ich mich auf der Matte neben ihnen nieder. Eine der Frauen schmiegte sich augenblicklich nicht länger an die Wand, sondern an mich. Sie hakte sich bei mir unter, ergriff meine Hand und drückte sie fest. Ihr schlanker Körper war gegen mich gedrückt und ihr Kopf ruhte an meiner Schulter. Wenn ich mich bewegte, bewegte sie sich auch. Sie sah in mein Gesicht, während wir uns unterhielten, und kicherte und plapperte pausenlos. Es schien sie nicht weiter zu stören, dass wir nicht dieselbe Sprache sprachen. So saßen wir aneinandergelehnt, bis mir der Rücken schmerzte und meine Beine und Füße ganz taub waren. Ich wollte aufstehen und die eingeschlafenen Gliedmaßen ausschütteln, aber ich spürte, dass da eine heilige Verbindung zwischen uns entstand – es geschah etwas sehr Schönes in der geistlichen Dimension, das ich ungern unterbrechen wollte.

Zu Anfang lachten die Frauen viel und machten untereinander Witze. Sie amüsierten sich zweifellos über unsere hässliche, schlecht geschnittene Kleidung, die im Vergleich zu ihren leuchtend bunten, golddurchwirkten Seidensaris verblasste. Man konnte alle ihre Körperteile sehen, unsere waren verhüllt. Sie suchten Aufmerksamkeit, wir versuchten, in der Masse unterzugehen. Als wir uns mittels einer Übersetzerin vorgestellt hatten, erzählten sie uns von ihren Kindern, ihren Dörfern, ihrem Leben in Kalkutta, ihrem HIV-Status und wie sie zu Prostituierten geworden waren.

Bei diesem Thema wurden ihre Gesichter ernst. Eine Frau war von ihrem Ehemann in die Prostitution verkauft worden, eine andere von ihrer Tante, die dritte von einem Nachbarn. Mit dem Gelächter war es aber endgültig vorbei, als ich sie fragte, wie sie unter solchen Umständen noch fröhlich sein konnten. Die Tränen liefen ihnen über die wunderschönen Gesichter. „Freude? Mit meiner Freude war es in dem Augenblick vorbei, als ich aus meinem Dorf hierherkam", sagte eine. „Wir haben keine Freude mehr."

Wir saßen einige Minuten schweigend da und versuchten, das Elend ihres Lebens zu erfassen. Ich konnte nicht umhin, die naheliegendste Frage zu stellen: „Und warum geht ihr nicht fort? Warum sucht ihr euch keine andere Tätigkeit?"

Sie antworteten übereinstimmend: „Was sollen wir denn tun? Wie haben keine Ausbildung. Wovon würden wir leben? Unsere Familien sind auf das Geld angewiesen, das wir verdienen. Es gibt keinen Ausweg."

Ich betete im Stillen: „Gott, vergib mir, dass ich nur auf die äußere Erscheinung dieser Frauen geschaut habe. Sie sehen fröhlich und zufrieden aus. Sie sind unwahrscheinlich hübsch. Wie konnte ich nur so dumm sein zu denken, dass sie sich dieses Leben selbst ausgesucht haben? Natürlich kann ich ihren wahren Schmerz nicht sehen. Sie wurden von jemandem, dem sie vertrauten, verraten und wie ein Stück Ware verkauft. Sie werden wie Gebrauchsgegenstände behandelt und nicht wie Menschen. Du kennst ihren Schmerz, Jesus. Du wurdest verraten und von einem Freund verkauft. Du hast erfahren, wie weh es tut, verlassen und benutzt zu werden. Diese Frauen sehen keinen Ausweg. Sie können nicht als unschuldige junge Frauen in ihre Dörfer zurückkehren, und sie sehen zurzeit keine andere Möglichkeit, ihren Lebensunterhalt zu verdienen. Bitte zeige ihnen in diesem Moment durch uns deine Liebe. Bitte lass sie verstehen – obwohl wir nicht dieselbe Sprache sprechen –, dass du sie so sehr liebst, dass du für sie gestorben bist."

In der Begegnung mit diesen ausgestoßenen Frauen verbargen sich tiefe geistliche Wahrheiten. Doch damals sah ich nur, dass Gott und ich diese Frauen liebten. Ich erkannte nicht, wie nah ich Gott durch sie kam und wie sich meine Beziehung zu Jesus vertiefte, indem ich bei ihnen war. Erst nachdem ich unter Depressionen gelitten und viel Zeit zum Nachdenken gehabt hatte, sollte ich erkennen, in welcher Weise das Leiden mit anderen uns näher zum Herzen Gottes bringt.

Die Gemeinschaft des Leidens

Im Sommer und Herbst 2004 reiste ich sehr viel herum und besuchte Thailand, Kambodscha, die Philippinen und Indien. Hatten mich meine Reisen nach Mosambik, Malawi und Südafrika im Jahr zuvor erschüttert und es mir unmöglich gemacht, mein altes Leben wieder aufzunehmen, so stürzte mich das, was ich in Asien zu Gesicht bekam, in eine tiefe Depression, aus der ich keinen Ausweg fand. Vermutlich kam vieles zusammen: der Kampf gegen den Krebs, die Behandlungen und die zahllosen erschütternden Erlebnisse, seit ich im Frühjahr 2002 jenen Zeitschriftenartikel gelesen hatte.

Ich weiß nur, dass ich nach meiner Reise auf die Philippinen und nach Indien einfach nicht mehr aufhören konnte zu weinen. Ich fand keinen Schlaf. Ich konnte mich für nichts mehr begeistern. Die Gesichter der Männer, Frauen und Kinder bedrückten mich, und ich drohte, unter der Last ihres Leides begraben zu werden. Das Ausmaß an Armut, Aids, Ignoranz, Völkermord, Waisenkindern, Witwen, Ungerechtigkeit und Hass türmte sich auf mein eigenes Leid und raubte mir jegliche Freude. Aus Traurigkeit und Trauer wurden Apathie und Teilnahmslosigkeit; Hoffnungslosigkeit wurde zu meinem vorherrschenden Lebensgefühl. Als ich mich der Krebsbehandlung unterziehen musste, war ich wütend auf Gott gewesen – wütend, dass er zuließ, dass die Welt so kaputt ist.

Jetzt aber war ich nicht wütend, ich war wie betäubt.

Auch einige andere meiner Reisegefährten erlebten diese Art von Schmerz. Wir unterhielten uns viel, verglichen unsere Aufzeichnungen und hielten nach Anzeichen Ausschau, dass sich am Horizont eine Besserung abzeichnete. Nachdem sich etwa sechs Wochen lang immer noch nichts in Richtung Normalität bewegt hatte, rief ich unseren Missionspastor Mike Constantz an und bat ihn um Rat. Er schlug vor, dass meine Freunde und ich sich mit ihm und einigen anderen Pastoren, die Erfahrung in der Mission hatten, zum Beten trafen. Sie wussten aus eigener Erfahrung, wie traumatisch es sein kann, wenn man plötzlich dem Bösen, dem Schmerz und dem Leid ausgesetzt ist, vor allem für die, deren Leben zuvor eher behütet war.

Wir setzten uns an einen großen Tisch, unsere Bibeln und Tagebücher aufgeschlagen vor uns, und hofften entgegen aller Hoffnung, dass sie eine Erklärung für unseren Schmerz hatten. Pastor Constantz las einen Abschnitt aus der Bibel vor: „Mein Wunsch ist es, Christus zu erkennen und die mächtige Kraft, die ihn von den Toten auferweckte, am eigenen Leib zu erfahren. Ich möchte lernen, was es heißt, mit ihm zu leiden, indem ich an seinem Tod teilhabe" (Philipper 3,10; NL).

Er erklärte bestimmt, aber sanft: „Jedes Mal, wenn euch das Schicksal eines wegen Aids verwaisten Kindes das Herz bricht, dürft ihr wissen, dass es auch Gott das Herz bricht. Jedes Mal, wenn ihr weint, wenn ihr bei einem sterbenden Mann oder einer sterbenden Frau seid, dürft ihr wissen, dass auch Gott die Tränen über das Gesicht laufen. Wenn ihr glaubt, den Schmerz keine Sekunde länger ertragen zu können, und ihr alles Böse auf dieser Welt auslöschen wollt, dürft ihr wissen, dass Gott noch viel stärker darauf brennt, das Böse zu vernichten. Ihr bekommt jetzt einen kleinen Teil der Qualen zu spüren, die Gott im Blick auf unsere zerbrochene Welt empfindet. Wenn ihr das zulasst, wird es euch in eine tiefere Gemeinschaft mit ihm führen, da ihr anfangt, an Christi Leiden teilzuhaben. Er leidet für unsere Welt. Euch ist nun das Vorrecht zuteilgeworden, seinen Schmerz und seinen Kummer zu teilen. Ihr werdet gemeinsam mit Jesus weinen."

Die Einsichten von Pastor Constantz öffneten mir die Tür zu einem ganz neuen Denken und Verständnis. Ich hatte nie so richtig begriffen, was damit gemeint ist, wenn es in der

Bibel heißt, dass wir an Jesu Leiden teilhaben können. Das klang mir, ehrlich gesagt, viel zu mystisch! Doch selbst durch den Schleier meiner Depression und Betäubung erkannte ich, dass der Weg aus meiner Misere nicht über ein Abschalten des Schmerzes führen würde, wie ich das gehofft hatte. Gott hatte etwas Besseres vor. Gott lud mich ein, durch den seelischen Schmerz, den ich empfand, dem näher zu kommen, was auch ihm am Herzen lag. Er hieß mich in *seiner* Welt willkommen – der Schmerz, den ich angesichts des Leids empfand, konnte mich ihm näher bringen, weil ich spürte, was er spürte.

Haben Sie sich jemals gefragt, was Gott *empfindet?* Sind Sie jemals auf die Idee gekommen, sich zu fragen, was Gott bei Mord *empfindet?* Oder bei Vergewaltigung? Inzucht? Ehebruch? Folter? Armut? Stigmatisierung? Krankheit? Ungerechtigkeit? Selbst wenn wir nur einen flüchtigen Blick in die Bibel werfen, können wir mit Bestimmtheit sagen, dass Gott dies alles hasst (Sprüche 6,16)! Er ist zornig über die verheerenden Auswirkungen der Sünde auf unserem Planeten (2. Chroniken 19,7; Jesaja 61,8). Das Neue Testament berichtet davon, dass Jesus über die Einwohner seines geliebten Jerusalems weinte, als er ihre Unterdrückung sah (Matthäus 23,37). Er weinte, als er erfuhr, dass sein Freund Lazarus gestorben war (Johannes 11,35). Er wurde zornig, als Geschäftsleute versuchten, Menschen, die zur Anbetung in den Tempel gekommen waren, übers Ohr zu hauen (Matthäus 21,12). Er war wütend, als religiöse Führer die Einhaltung des Sabbats für wichtiger erachteten, als sich um einen Kranken zu kümmern (Lukas 13,15–16). Er regte sich bei der Vorstellung auf, dass Erwachsene einem kleinen Kind auch nur ein Haar krümmen könnten (Lukas 17,2).

Unser Gott hat tiefe, leidenschaftliche *Empfindungen.*

Es hätte mich also nicht überraschen sollen, dass es unweigerlich zu einem gebrochenen Herzen führen musste, wenn ich Gott tief und leidenschaftlich lieben wollte. Man kann Gott nicht immer mehr lieben, ohne dass nicht auch gleichzeitig das eigene Herz im Einklang mit dem seinen schlägt, was dazu führt, dass man genauso leidet wie er. Wenn wir anfangen, Christus nachzufolgen, ist das mit tiefgreifenden inneren Veränderungen verbunden, die schließlich auch nach außen hin in unserer Lebensweise sichtbar werden. Wenn wir das, was er am Kreuz und durch seine Auferstehung erlangt hat, für uns in Anspruch nehmen, wird das Auswirkungen darauf haben, wie wir unsere wenigen Jahre hier auf dieser Erde verbringen. Was wir tun und wohin wir gehen; wofür wir unser Geld, unsere Zeit, unser Talent und unsere Energie einsetzen; wie wir auf Menschen in Not reagieren – dies alles hängt davon ab, wie sehr wir am Leiden unseres Retters teilhaben.

Das ist etwas Gutes! Nichts, das man tunlichst vermeiden sollte. Wenn uns das Gleiche am Herzen liegt wie ihm, dann können wir auch an *seiner* Leidenschaft teilhaben, und wir fühlen uns zutiefst mit ihm verbunden. Der Schmerz Jesu soll sich mit meinem vermischen, seine Tränen mit meinen Tränen, seine Wunden mit meinen Wunden. Sein Kreuz soll mein Kreuz werden, sein Trost mein Trost.

Wie François Fénelon es treffend ausdrückt, werden unsere Herzen auf wunderbare Weise eins mit Christus, wenn wir gemeinsam leiden: „Wenn Sie Gott lieben, wird es Ihnen nichts ausmachen, wenn Sie um seinetwillen leiden müssen. Das Kreuz wird Sie nach dem Bild Ihres Geliebten umformen. Darin liegt ein echter Trost – eine wahre Verbundenheit in Liebe."[15]

Durch meine Depression entdeckte ich, dass ich jener subtilen Versuchung erlegen war, für die Menschen mit einem großen Herz so anfällig sind und die sich in dem folgenden Ausspruch auf den Punkt bringen lässt: „Es gibt viel zu tun, packen wir es an." Da mich das Schicksal der Menschen mit HIV/Aids so sehr entsetzte, setzte bei mir die „Du musst sie da rausholen"-Mentalität ein, und ich stürzte mich kopfüber in das Unternehmen, die Welt im Alleingang von den Auswirkungen dieses schrecklichen Virus zu retten. Oft hatte ich das Gefühl, als ob alles von meinen Bemühungen, meiner Arbeit und meinem Mitgefühl abhinge. Das habe ich zwar niemals so *gesagt*, und ich weiß auch gar nicht, ob mir überhaupt bewusst war, wie gründlich ich dem Helfersyndrom aufgesessen war, doch die Auswirkungen davon zeigten sich deutlich in meinem Leben.

Das Ganze erinnert mich – auf eine wesentlich trivialere Art und Weise – an die Figur des Bruce in dem Kinofilm „Bruce Allmächtig". Bruce glaubt, er könne Gottes Job viel besser erledigen, also erlaubt Gott ihm, sich einmal für ein paar Tage daran zu versuchen. In einer Szene geht Bruce auf, dass in nur einem einzigen Augenblick Millionen Gebete gleichzeitig gesprochen werden, und als er versucht, sie alle zu beantworten, erleidet er einen Nervenzusammenbruch. Er schafft es einfach nicht.

Bei meinen Bemühungen arbeitete ich mit Gott zusammen – was ein biblischer Grundgedanke ist –, doch ich überschätzte *meinen* Anteil an der ganzen Sache stark und musste wie Bruce schon bald feststellen, dass meine Schultern nicht breit genug sind, um das Gewicht der Welt zu tragen. Ich brach zusammen, zu Boden gedrückt von einer Last, der ich nicht gewachsen war. Ich hatte vergessen, dass aller Schmerz, den ich beim Anblick der Schmerzen eines anderen empfinde, seinen Ursprung im Herzen Gottes hat, nicht in meinem. Dadurch brachte ich mich selbst um den Trost und den Beistand, der mir zur Verfügung steht, indem ich am Leiden Jesu teilhabe.

Ich musste meinen Wunsch, die Welt zu retten, an Gott abgeben.

174

Wie wir da so im Büro von Pastor Constantz saßen und unsere Erfahrungen aufarbeiteten, ging mir auf, dass ich die Prostituierten in Kalkutta hatte lieben können, weil ich Zeit mit ihnen verbrachte. Auch konnte ich dafür beten, dass sie durch unsere Liebe Jesus kennenlernen würden. Doch als ich auf dem staubigen Boden der Teestube gesessen hatte, war mir nur sehr vage bewusst gewesen, dass ich ja den Schmerz, den ich für das Elend dieser Frauen empfand, *mit Jesus* teilen konnte. Es war gar nicht in seinem Sinne, dass ich ihren Schmerz alleine trug, obwohl ich genau das zu tun versuchte. Ich hatte Gottes Liebe für diese drei Frauen empfunden. Ich hatte seinen Schmerz über ihre Verletzungen gespürt. Aber jetzt war mir klar, dass er, genau wie ich, immer noch um sie litt. Ich wusste, dass Jesus und ich in unserer Anteilnahme an ihnen verbunden waren. Ich spürte die Einheit mit ihm durch die Gemeinschaft seiner Leiden auf eine ganz neue Weise.

Plötzlich fühlte ich mich auf ganz neue Weise mit ihm verbunden.

Einige Monate darauf half mir diese neue Verbundenheit mit Christus während eines Besuches in einem Waisenheim für HIV-positive Kinder in Kenia, das von einem engagierten älteren Priester namens Vater Dag geleitet wird.

Als Elizabeth und ich den Pfad zwischen den Hütten entlanggingen, erregte die hohe, klare Stimme eines Kindes meine Aufmerksamkeit. Da sang jemand – wunderschön – mit starkem Akzent auf Englisch. Die Stimme zog Elizabeth und mich magisch an. Wir mussten unbedingt herausfinden, wer da die Welt mit einem so wunderbaren Gesang erfüllte. Wir näherten uns einer Hütte, deren Tür weit offen stand, und entdeckten ein kleines Mädchen von etwa zehn Jahren, das auf dem Boden saß und sich die Schuhe anzog. Es bemerkte uns zunächst nicht und sang unbekümmert weiter. Plötzlich sahen wir uns erstaunt an. Wir hatten die Melodie und den Text erkannt und das Gehörte verschlug uns die Sprache:

„Irgendwo über dem Regenbogen
ist der Himmel blau,
und der Traum, den du zu träumen wagtest,
wird wirklich wahr. "[16]

Wir hörten noch ein wenig zu und versuchten dann, in das Lied mit einzustimmen, doch es gelang uns einfach nicht zu singen: „Wenn glückliche blaue Vögel fliegen, jenseits des Regenbogens, warum, oh, warum kann ich's nicht?" Uns versagte die Stimme, tränenerstickt. Jetzt hatte die Kleine uns auch in der Tür stehen sehen und war peinlich berührt, dass wir ihr zugehört hatten, doch sie lächelte uns an und umarmte uns, nachdem sie ihre Schuhe zugebunden hatte. Ich werde sie nie vergessen. Wo sie dieses alte amerikanische Lied gelernt hat, werde ich wohl nie erfahren, doch sie drückte damit den größten Wunschtraum aller Waisenkinder auf der Welt aus: die Hoffnung, dass sie eines Tages irgendwo aufwachen werden, wo „die Wolken ganz weit hinter mir sind", wo die „Probleme schmelzen wie Zitronenbonbons", wo der Himmel blau ist und Träume *wirklich* wahr werden – Träume von einem Zuhause, von einem Ort, an dem man dazugehört, von einer Familie.

Wir gingen weiter an den Hütten vorbei bis zu dem gepflegten Friedhof. Kleine Erdhügel und schlanke, weiße Kreuze markierten die Ruhestätten der Waisen, die von ihren HIV-positiven Müttern angesteckt worden waren, von denen die Mehrzahl nicht einmal gewusst hatte, dass sie infiziert waren.

„Das ist zu viel, Jesus", schluchzte ich. „Diese Kleinen sollten doch herumrennen, spielen, hüpfen, Dummheiten anstellen, lachen, wachsen, lernen – nicht sterben, ehe sie über-

176

haupt gelebt haben." Ich musste mich in meiner Trauer um diese Babys, deren Leben aufgrund ihrer Infektion mit dem HI-Virus abgekürzt worden war, und um das Mädchen mit der schönen Stimme, das vielleicht nie ein Zuhause finden würde, regelrecht zwingen, den Trost in Anspruch zu nehmen, der bei Jesus zu finden ist. Mein Herz war nicht das einzige, das angesichts dieser himmelschreienden Ungerechtigkeit, dieser Verschwendung unschuldigen Lebens schmerzte. Jesus weinte auch. Das verband ihn und Elizabeth und mich.

Jesus lädt jeden von uns ein, Gemeinschaft mit ihm zu haben. Er litt *mit uns* und *für uns*, und nun haben wir das Vorrecht, *mit ihm*, *für ihn* und *mit denen*, *die er liebt*, zu leiden. Doch wir leiden alle unter geistlichem ADHS: Wir lassen uns leicht ablenken, sind vergesslich und nicht bei der Sache. Deshalb hat er uns eine greifbare Erinnerung an sein Leiden gegeben, die uns dieses unzerbrechliche Band mit ihm erleben lässt.

Er bietet uns im Rahmen des Abendmahls in symbolischer Weise seinen Leib und sein Blut an.

Tiefgehende enge Gemeinschaft

In meiner Kindheit fand in meiner Gemeinde alle paar Monate einmal das Abendmahl statt. Das war dann immer eine feierliche Angelegenheit, und jedem Kind wurde genauestens eingeschärft, wie es sich in dem Augenblick, in dem man ein Stück trockenes Brot aß und aus einem Plastikbecher Traubensaft trank, zu verhalten hatte. Ich weiß noch, dass ich immer schreckliche Angst hatte, ich könnte den Becher, den ich in meinen zitternden Händen hielt, fallen lassen. Am schlimmsten war aber, dass ich Blut und Wasser schwitzte, ich könnte in diesem heiligen Augenblick der Erinnerung an Jesu Tod unheilige Gedanken haben. Es konnte vorkommen, dass mich irgendetwas zum Lachen reizte und ich mit aller Gewalt versuchte, das Kichern zu unterdrücken, doch wie das eben so ist: Gerade dann, wenn man das Lachen unterdrücken möchte, muss man umso mehr lachen. Meine Gedanken wanderten dann in zwei Richtungen. Erstens: Dies ist ein heiliger Augenblick und ich muss ernst sein, und zweitens: Dies ist ein urkomischer Augenblick und ich kann nicht aufhören zu lachen – Gott wird mich auf der Stelle tot umfallen lassen! Selbst als Erwachsene war ich noch oft ängstlich, wenn es wieder einmal Zeit war, mich an das Opfer Jesu für meine Schuld zu erinnern. Das Essen des Brotes und das Trinken aus dem Kelch ließen mich meistens unberührt.

Das änderte sich, als ich andeutungsweise eine Vorstellung von der Gemeinschaft bekam, die ich mit Christus haben konnte. Aus der Bibel wusste ich, dass er und ich nun vereint waren, weil er am Kreuz für meine Schuld gestorben war, doch ich kann nicht behaupten, dass ich im täglichen Leben irgendwelche Auswirkungen dieser Einheit spürte.

Als mir aber bewusst wurde, dass ich ihm meine Liebe zeigen konnte, indem ich anderen diente, wurde das, was ich nicht sehen, anfassen, schmecken, riechen oder hören konnte, auf einmal konkret. Das Wissen, dass ich Jesus etwas zu trinken anbieten konnte, seine Nacktheit bekleiden, seinen Hunger stillen, ihn von seiner Einsamkeit erlösen und anbetend unter seinem Kreuz stehen konnte, indem ich einem anderen Menschen beistand, schuf zwischen uns eine Vertrautheit, wie ich sie in dieser Intensität bis dato immer vermisst hatte. Plötzlich wurde alles für mich *real*. Wenn ich das Brot aß und aus dem Kelch trank – Handlungen, die symbolisch für seinen Leib und sein Blut stehen –, erfuhr ich dabei eine tiefe Gemeinschaft mit dem allmächtigen Gott und wusste mich gleichzeitig mit der Gemeinschaft der Gläubigen verbunden.

Der Apostel Paulus fasst dies folgendermaßen in Worte:

„*Wenn wir am Tisch des Herrn den Kelch segnen, haben wir dann nicht gemeinsam Anteil am Segen des Blutes Christi? Und wenn wir das Brot brechen, haben wir dann nicht gemeinsam Anteil am Segen des Leibes Christi? Wir alle essen von einem Laib Brot und zeigen damit, dass wir alle zusammen ein Leib sind*" (1. Korinther 10,16–17; NL).

Mit Christus durch das Brot und den Kelch Gemeinschaft zu haben – an seinem Leiden teilzuhaben – ist das größte Vorrecht unserer Beziehung zu Gott. Oder um es mit den Worten von Oswald Chambers zu sagen: Wir haben nun eine „enge Einheit in den Zeiten der persönlichen Begegnung und Gemeinschaft mit Gott"[17]. Das zweitgrößte Vorrecht einer Beziehung mit Gott ist die persönliche, enge Gemeinschaft, die wir untereinander haben. Meine Lieblingsaussage von Henri Nouwen ist die folgende:

„*Gemeinschaft ist weder süß noch einfach zu haben. Gemeinschaft ist das Beisammensein von Menschen, die ihre Freuden und Leiden nicht verbergen, sondern sie als ein Zeichen der Hoffnung voreinander aufdecken. Als Gemeinschaft sagen wir: ‚Das Leben ist voller Gewinne und Verluste, Freud und Leid, Höhen und Tiefen – aber wir sind darin nicht auf uns allein gestellt. Wir möchten unseren Kelch zusammen trinken und damit die Wahrheit feiern, dass die Wunden des Einzelnen, die alleine unerträglich scheinen, zu einer Quelle der Heilung werden, wenn wir Teil einer Gemeinschaft der gegenseitigen Fürsorge sind.*'"[18]

Diese Gemeinschaft der gegenseitigen Fürsorge, wo einer für den anderen da ist, bedeutet, dass wir im allumfassendsten Sinne wirklich nie mehr allein sein werden: nie mehr allein in unserem Schmerz, nie mehr allein in unserer Freude, nie mehr allein in unserer Scham, nie mehr allein in unserem Erfolg, nie mehr allein in unserem Versagen, nie mehr allein in unserer Trauer, nie mehr allein bei unseren Feiern. Wir gehören zu einer Gemeinschaft!

In dieser Gemeinschaft wird man unsere irrigen Versuche, die Welt aus eigener Kraft zu retten, nicht kommentarlos stehen lassen. In der Gemeinschaft werden unsere Motive liebevoll unter die Lupe genommen. In der Gemeinschaft wird das Gewicht der Welt von anderen hingegebenen Christen getragen. In der Gemeinschaft begeben wir uns gemeinsam in seine Gegenwart, um zusammen das Opfer zu feiern, das er für unsere Schuld gebracht hat. In der Gemeinschaft freut man sich darüber, wenn sich jemand aus der Gruppe vorbehaltlos auf Gott einlässt, da wird nicht gespottet oder gelacht. Wir sind mit Jesus Christus und untereinander verbunden.

Jesus starb, um uns eine tiefgehende, intensive Gemeinschaft mit Gott zu ermöglichen. Diese Gemeinschaft macht alles, was wir um unserer selbst und um anderer willen erleiden müssen, erträglich. In seiner Gegenwart – in Gemeinschaft mit ihm und untereinander – werden wir gestärkt, wiederhergestellt, erneuert und erfrischt, um mit frischem Schwung an die Arbeit zu gehen, zu der er uns berufen hat. Doch ehe er uns an die Arbeit schickt, ruft er uns zu sich in die Gemeinschaft seines Leidens, und dadurch erleben wir eine Verbundenheit mit ihm, die unsere Erwartungen weit übertrifft.

Hingabe

Lassen Sie sich von Ihrem Schmerz – und dem Leid anderer Menschen, das Sie auf sich genommen haben – in eine innige Gemeinschaft mit Jesus ziehen?

Gebet

Vater, ich möchte dich kennen und von dir gekannt werden. Vergib mir, wo ich die Beziehung zu dir auf eine Reihe von Regeln reduziert habe oder auf einen weiteren Punkt zum Abhaken auf meiner täglichen Aufgabenliste. Meine Arbeit nimmt mich voll in Anspruch. Ich weiß ja, dass du Aufgaben für mich hast, aber zuvor möchte ich auf einer Ebene mit dir Gemeinschaft haben, die sich menschlichen Erklärungsversuchen entzieht. Manchmal stelle ich fest, dass ich mich der Gemeinschaft mit anderen Gläubigen entziehe, dass ich sie in mein Leben entweder nicht hineinlassen möchte oder hineinlassen kann. Bitte ziehe du mich in die Gemeinschaft, damit ich mein Leben mit dir und mit anderen Christen teilen kann. Ich bin so dankbar für das Abendmahl, das Geheimnis, das es offenbart, und die Kraft, die von ihm ausgeht. Bitte lass das Wissen, dass ich durch Jesus Christus eins mit dir bin, mein heutiges Tun bestimmen.

Praktische Schritte

❶ Halten Sie inne und denken Sie über die folgende Frage nach: „Wo habe ich versucht, die Last der Welt auf meinen Schultern zu tragen?" Wenn Sie einen Lesepartner haben, dann vertiefen Sie Ihre Gemeinschaft, indem Sie über Ihre Einsichten reden. Nachdem Sie über Ihren Umgang mit Leid nachgedacht haben, lassen Sie einmal die folgende Übertragung der Worte Jesu aus dem Matthäusevangelium in aller Ruhe auf sich wirken:

„Kommt her zu mir, alle, die ihr mühselig und beladen seid; ich will euch erquicken. Nehmt auf euch mein Joch und lernt von mir; denn ich bin sanftmütig und von Herzen demütig; so werdet ihr Ruhe finden für eure Seelen. Denn mein Joch ist sanft und meine Last ist leicht" (Matthäus 11,28–30; LÜ).

❷ Wenn Ihre Gemeinde demnächst wieder das „Mahl des Herrn" (Abendmahl) feiert, dann versuchen Sie doch einmal, dies in einer neuen Haltung zu tun, denn Sie kommen dabei Jesus und Ihren Brüdern und Schwestern in Gottes Familie ganz nahe.

Kapitel 10

Gemeinsame Sache machen

„Gott hat alles der Herrschaft von Christus unterstellt und hat Christus als Herrn über die Gemeinde eingesetzt. Die Gemeinde aber ist sein Leib, und sie ist erfüllt von Christus, der alles ganz mit seiner Gegenwart erfüllt" (Epheser 1,22–23; NL).

„Die Kirche ist nur dann ihr wahres Selbst, wenn sie für die Menschlichkeit existiert" (Dietrich Bonhoeffer: „Widerstand und Ergebung").

„Ich habe mich nach dem ersten Tag der Aidskonferenz in ‚Saddleback' für ein Leben mit Jesus entschieden", erzählte der junge Mann beim Essen, „weil mir aufging, dass die Kirche die einzige Hoffnung für die Welt ist. Ich habe die Bemühungen von Leuten gesehen, die nichts mit der Kirche zu tun haben, und sie kriegen es oft einfach nicht auf die Reihe."

Ich saß mit einigen Mitarbeitern unserer Gemeinde und diesem jungen Mann, der an unserer jährlichen Konferenz „Aids und Kirche" teilnahm, beim Mittagessen. Er hat gute Verbindungen zur Filmindustrie und hat mit eigenen Augen die aufrichtigen Bemühungen derer gesehen, die sich gegen Armut, Ungerechtigkeit und Aids und für Waisenkinder einsetzen. Ich hatte gehört, dass er nach dem ersten Konferenztag abends zurück in sein Hotelzimmer gegangen war und dort sein Leben Gott anvertraut hatte, und ich war neugierig, in welcher Weise unsere Aidskonferenz ihn dazu bewogen hatte – wo wir doch noch nicht einmal einen Aufruf gemacht hatten!

Er erzählte weiter: „Als ich da zwischen all den anderen Leuten im Auditorium saß, ging mir auf, dass es *diese* Leute waren, die etwas bewirken konnten – die Gemeinde Jesu Christi –, und da wusste ich plötzlich, dass ich dazugehören wollte. An jenem Tag vertraute ich mein Leben Jesus an."

Seine Geschichte überraschte mich. Wann haben Sie das letzte Mal davon gehört, dass sich jemand so von der Gemeinde Jesu angezogen fühlte, dass er nicht anders konnte, als sich ihr anzuschließen? Ich habe mich mittlerweile an die Geschichten von Leuten gewöhnt, die die Kirche aus irgendeinem Grund ablehnen und sich über sie geärgert haben, deshalb fand ich es bewegend, von einem Mann zu hören, der erkannte, worum es bei Gemeinde wirklich geht. Er war in der Lage, trotz der Fehler, Schwächen und Marotten der Menschen, die die Gemeinde Christi bilden, das enorme Potenzial zu sehen, das Gott in sie hineingelegt hat – er sah die *Hoffnung*.

Ich muss zugeben, dass mich menschliches Leiden jahrelang schwer belastet hatte, ehe ich mich an der Hoffnung festklammerte. Ich hatte Mühe, die vielen neuen Fakten, die ich ständig aufnahm, zu verarbeiten und zu sortieren. Und obwohl ich allmählich lernte, wie ich mit meinem Leiden am Leiden Jesu Anteil haben konnte, sah ich wenig Grund zum Optimismus, dass sich an den Problemen dieser Welt viel ändern würde.

Ich bin von Natur aus eher pessimistisch veranlagt. Ich habe zeit meines Lebens mit Depressionen gekämpft und bei mir ist das Glas eigentlich fast immer halb leer. Wenn ich also heute ehrlichen Herzens sagen kann, dass ich Hoffnung habe, dann ist das schon was! Daran zeigt sich, dass sich meine Beziehung zu Gott vertieft hat und dass ich den Grund meiner Hoffnung besser verstehe und mehr liebe – seine Gemeinde.

Obwohl ich in der Kirche aufgewachsen bin – schon im zarten Alter von einer Woche wurde ich ins Verzeichnis unserer Gemeinde eingetragen –, war mein Verhältnis zur Gemeinde Jesu hauptsächlich von Pflichtgefühl geprägt. Gott hatte die Gemeinde von Anbeginn der Zeit vorgesehen, Jesus war für die Gemeinde gestorben und der Heilige Geist bevollmächtigt die Gemeinde. Diese biblischen Wahrheiten waren mir wohlbekannt, aber gefühlsmäßig berührten sie mich nicht.

Im Laufe der Jahre habe ich sowohl die Freude als auch den Schmerz erlebt, zu dieser Gemeinde Gottes zu gehören. Als Pastorenfrau frustrierten mich die internen Streitigkeiten, die Platzkämpfe, das Vereinsdenken und die Spaltungen innerhalb der Gesamtkirche. Ich fand, dass Denominationsgrenzen die Gläubigen daran hindern, gemeinsam Menschen für Christus zu gewinnen. Ich schämte mich dafür, dass viele Christen, die im Licht der Öffentlichkeit stehen, nicht nach dem handeln, was sie predigen. Wie so viele andere hätte auch ich manchmal gerne aufgegeben, und ich habe oft darüber nachgedacht, ob es nicht möglich wäre, Gottes Werk zu tun, ohne die Gemeinde daran zu beteiligen.

Gott wählte ein drastisches Mittel, um meine Meinung zu ändern.

Hoffnung verloren und wiedergefunden

Nach der Beendigung meiner Krebsbehandlung im Frühjahr 2004 brannte ich darauf, endlich wieder zu reisen – und mich gemäß Gottes Auftrag als Fürsprecherin für die Menschen mit HIV/Aids einzusetzen, die keine Stimme haben. Im Juli 2004 fand in Bangkok, Thailand, die 15. Internationale Aidskonferenz statt und meine Freundin Elizabeth, unsere Kinder, ein junges Ehepaar aus unserer Gemeinde und ich nahmen wie Tausende andere aus der ganzen Welt an dieser einwöchigen Konferenz teil. Wir waren schockiert, als wir uns bereits im Eingangsbereich des Konferenzzentrums vor einer großen Schautafel wiederfanden, auf der ein typischer Tagesablauf im Leben einer Sexarbeiterin abgebildet war – und zwar in dem Tenor, dass Prostitution gut und gesellschaftsnotwendig sei. Der ersten Schockwelle folgten viele weitere. Ein großes Poster vom Präsidenten der Vereinigten Staaten wurde mit roter Farbe übergossen und ein Redner nach dem anderen ließ sich freimütig negativ über die USA aus. Es kam uns vor, als begönne jede Ansprache mit den Worten: „Wir müssen für die Rechte der Schwulen, Lesben, Bisexuellen und Transvestiten eintreten, für die Rechte der Sexarbeiterinnen und derer, die Drogen konsumieren." In der Ausstellungshalle schwebte ein großes Kondom über den Köpfen der Teilnehmer; daneben waren aus gefärbten Kondomen gefertigte Abendkleider ausgestellt. Man machte sich über die Vorstellung, sich Sex für die Ehe aufzusparen und in der Ehe treu zu sein, lächerlich, als sei das kein Werkzeug im Kampf gegen die Übertragung des HI-Virus. Es kam mir so vor, als würden alle meine Wertvorstellungen auf den Kopf gestellt: Richtig war falsch und Falsch war richtig; Licht war Finsternis und Finsternis war Licht.

Diese Sichtweise, die augenscheinlich von Tausenden von Konferenzteilnehmern befürwortet wurde, war mir völlig neu, und ich hatte eine Menge zu verarbeiten. Ich wanderte durch das weitläufige Konferenzzentrum und mir blieb bei diesem Angriff auf meine Werte und dem Werben für sexuelle Freizügigkeit vor Schock der Mund offen stehen. Mein Hirn arbeitete auf Hochtouren, und ich bemühte mich, medizinische Ausdrücke, wissenschaftlichen Fachjargon und Forschungsergebnisse zu verstehen. Aber ich war auch zutiefst traurig, weil ich wusste, dass Millionen Männer, Frauen und Kinder an diesem bösartigen Virus starben.

Im Laufe der Konferenz machte sich in mir Hoffnungslosigkeit breit. Worauf hatte ich mich da nur eingelassen? Was hatte mich nur auf die Idee gebracht, ich könnte tatsächlich etwas gegen Aids ausrichten? Das Problem war zu groß; zu viele Menschen waren krank. Wie verschaffen wir den Menschen, die es am nötigsten brauchen, die lebensrettenden Medikamente? Wie können wir verhindern, dass diese Epidemie ein Land nach dem anderen entvölkert? Was wird aus den vielen verwaisten Kindern, die auf sich allein gestellt sind? Wie können wir verhindern, dass Menschen mit Aids weiterhin stigmatisiert und abgelehnt werden? Es wird so kontrovers über verschiedene Präventionsmethoden diskutiert – will ich mich wirklich in *diese* Diskussion einmischen?

Am letzten Tag der Veranstaltung saß ich entmutigt und allein in meinem Hotelzimmer. Die Konferenz hatte mir den Wind aus den Segeln genommen und ich kam mir naiv vor. Wie hatte ich nur so dumm sein können zu glauben, ich könnte etwas gegen ein weltumspannendes Problem ausrichten? Es bestand keinerlei Hoffnung, dass Aids je eingedämmt werden könnte – alles, was ich oder jemand anderer täte, wäre doch sowieso nur ein Tropfen auf den heißen Stein. In meiner Verzweiflung griff ich zur Bibel und schlug sie aufs Geratewohl auf. Mein Blick fiel auf Apostelgeschichte 26, wo ausführlich geschildert wird, wie Paulus König Agrippa die Geschichte seiner Lebenswende erzählt. Wieder einmal sprach Gott zu mir und bestätigte seinen Auftrag an mich:

„[…] *reise ich im Auftrag der führenden Priester und mit ihrer Vollmacht nach Damaskus. Auf dem Weg dorthin, mein König, umstrahlte mich und meine Begleiter mitten am Tag ein Licht vom Himmel, heller als die Sonne. Wir stürzten alle zu Boden und ich*

hörte eine Stimme auf Hebräisch rufen: ‚Saul, Saul, warum verfolgst du mich? Es ist sinnlos, dass du gegen mich ankämpfst!'
‚Wer bist du, Herr?', fragte ich, und der Herr sagte: ‚Ich bin Jesus, den du verfolgst. Doch steh auf, denn ich bin dir erschienen, um dich in meinen Dienst zu stellen. Du sollst bezeugen, was du heute gesehen hast und was ich dir noch zeigen werde. Ich werde dich beschützen vor den Juden und auch vor den Nichtjuden, zu denen ich dich sende. Gerade ihnen sollst du die Augen öffnen, damit sie aus der Finsternis ins Licht kommen, aus der Gewalt des Satans zu Gott. Denn wenn sie auf mich vertrauen, wird ihnen ihre Schuld vergeben, und sie erhalten ihren Platz unter denen, die Gott zu seinem heiligen Volk gemacht hat.'
Ich habe mich, König Agrippa, dem nicht widersetzt, was diese Erscheinung vom Himmel mir befohlen hatte. Zuerst in Damaskus und Jerusalem und später in ganz Judäa und bei den nichtjüdischen Völkern rief ich die Menschen dazu auf, umzukehren, sich Gott zuzuwenden und durch ihre Lebensführung zu zeigen, dass es ihnen mit der Umkehr ernst ist. Einzig deswegen haben mich die Juden im Tempel ergriffen und zu töten versucht. Aber bis heute hat Gott mir geholfen, und so stehe ich als sein Zeuge vor den Menschen, den hochgestellten wie den ganz einfachen. Ich verkünde nichts anderes, als was die Propheten und Mose angekündigt haben: Der versprochene Retter, sagten sie, muss leiden und sterben und wird als der Erste unter allen Toten auferstehen, um dem jüdischen Volk und allen Völkern der Welt das rettende Licht zu bringen" (Apostelgeschichte 26,12-23; GNB).

Paulus ist ganz aus dem Häuschen vor Freude über die Vision, die Gott ihm geschenkt hat; er beteuert, dass es ihm unmöglich sei, dieser Vision den Rücken zu kehren. Ich machte vor Aufregung einen Luftsprung. Mit tränenerstickter Stimme sagte ich: „Gott, ich gehöre dir! Jetzt verstehe ich, dass ich die Zeit, die du mir gibst, dazu nutzen soll, um die Gemeinde

Jesu Christi zur Umkehr und zum Einsatz für die Menschen mit HIV/Aids zu rufen. Ich soll eine Stimme sein für die, die keine Stimme haben; ich soll im Namen der Machtlosen zu den Machthabern sprechen und die Kirche auffordern, ihr Herz weit für die Millionen Kinder zu öffnen, die aufgrund des Todes ihrer Eltern schutzlos geworden sind."

Es gab keinen Zweifel mehr, kein Rätseln; es war völlig eindeutig! Gott erinnerte mich daran, dass er mir dabei helfen wollte, den Unterschied zwischen Finsternis und Licht aufzuzeigen, damit viele sich für das *Licht* entscheiden. Er möchte, dass ich allen, denen ich begegne, erzähle, dass ihre Schuld vergeben ist und ihre Suche nach einem Zuhause und einer Familie zu Ende ist – Gott möchte, dass sie bei *ihm* zu Hause sind. Er erinnerte mich daran, ihnen zu sagen, dass wir das wahre Leben nur finden, wenn wir zu ihm gehören.

Diese erneute Bestätigung von Gottes Berufung für mein Leben ist bis zum heutigen Tage nicht verblasst. Ich bemühe mich nach Kräften, meiner gottgegebenen Bestimmung nachzukommen. Ich lebe intensiv, leidenschaftlich und dynamisch. Das Ziel ist jetzt sonnenklar: HIV/Aids zu beenden.

Das Problem ist nur, dass dies unmöglich ist.

Wir können die Ausbreitung von HIV unter Einsatz von viel Geld, Zusammenarbeit und Anstrengungen verlangsamen – aber beenden? Unwahrscheinlich. Regierungen haben versucht, HIV/Aids einzudämmen, und werden das auch weiterhin tun. Unternehmen, Konzerne und Philanthropen haben sich daran versucht und werden es weiter versuchen. Das Gesundheitswesen hat einen Versuch unternommen, Aids zu stoppen, doch noch ist es nicht gelungen, das Virus auszulöschen. Warum also habe ich mir dann überhaupt dieses ehrgeizige Ziel gesteckt? Weil ich tatsächlich glaube, dass HIV/Aids irgendwann einmal Geschichte ist, wenn das fehlende Bindeglied – die Gemeinde Jesu – aus ihrem Schlaf erwacht. Wenn sie sich dem ganzen Ausmaß des Problems stellt, sich eingesteht, dass sie (zumindest im Westen) nicht viel oder gar nichts getan hat, und jene, die Gott am Herzen liegen, nicht länger vernachlässigt, sondern sich mit vereinten Kräften um sie bemüht.

Auch wenn ich die eine Internationale Aidskonferenz niedergeschlagen, so ging ich nach der nächsten freudig erregt und ermutigt nach Hause. Während ich in Bangkok im Juli 2004 mit hängendem Kopf und verzweifelt durch das Konferenzzentrum wanderte, hielt ich im August 2006 in Toronto den Kopf hoch erhoben und auf meinem Gesicht lag ein Lächeln. Warum? In der Welt hatte sich nicht viel verändert: Millionen sind noch immer mit HIV infiziert, Millionen sind gestorben, Millionen Kinder sind verwaist, die Zahl der Neuinfektionen steigt, eine Heilung ist nicht in Sicht, es gibt keinen Impfstoff, der Infektionen verhindern könnte. Worüber freute ich mich dann um alles in der Welt?

Ich hatte mich in die Gemeinde Jesu Christi verliebt!

Die einzige Hoffnung

Ich weiß, dass es sich verrückt anhört, aber die Kirche – mit all ihren Fehlern und Macken – ist gegenüber allen anderen Institutionen im Vorteil. Über zwei Milliarden Menschen behaupten von sich, Jesus Christus nachzufolgen, und demzufolge gibt es keine Organisation, die größer wäre als die Kirche. Keine Regierung, keine Hilfsorganisation – ja, nicht einmal ein einzelner Staat – ist größer als die Kirche. Die einzelnen Gemeinden sind auf nahezu alle Länder dieser Erde verteilt. An manchen Orten gibt es ein paar oder gar keine Krankenhäuser, Universitäten oder Büchereien, aber es gibt eine Kirche! Nehmen wir beispielsweise Ruanda. In der Westprovinz Ruandas gibt es drei Distriktkrankenhäuser.

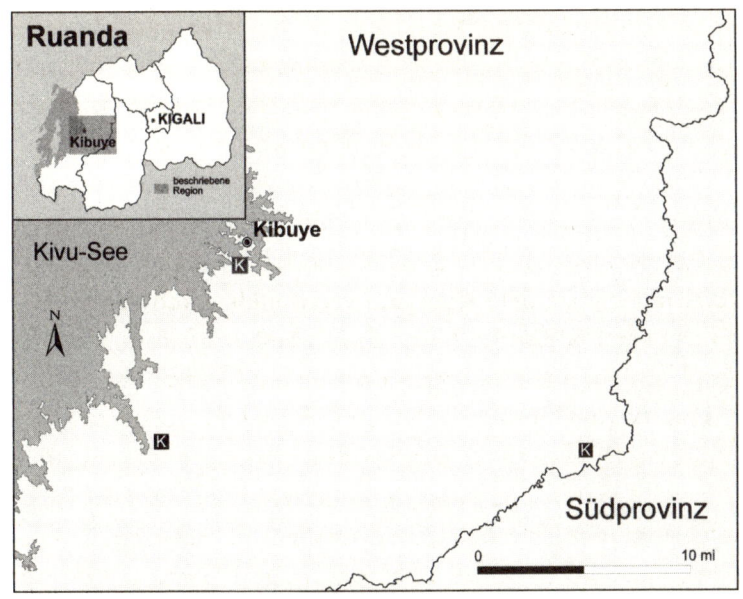

Ruanda, Westprovinz: Krankenhäuser (3)

Die medizinische Versorgung wird durch etwa 20 weitere Krankenstationen unterstützt.

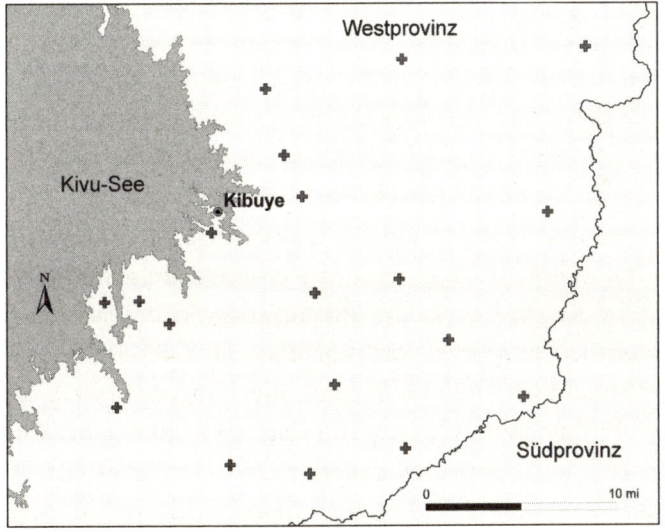

Ruanda, Westprovinz: Krankenstationen (19)

Aber auf dem folgenden Bild können Sie sehen, wie über 700
Gemeinden dasselbe Gebiet durchdringen.

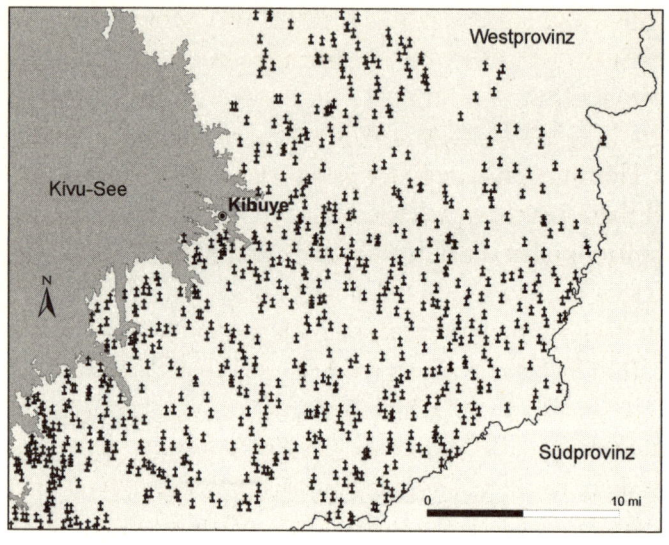

Ruanda, Westprovinz: Gemeinden (728)[19]

Gemeinden bilden ein Basisnetzwerk und sind demzufolge
wesentlich effizienter und effektiver als Bürokratien. Die
weltweite Kirche wächst mit einer Zuwachsrate von 60.000
neuen Christen pro Tag. Um die HIV/Aids-Pandemie zu beenden, braucht man etwas, das schneller wächst als die täglichen 14.000 Neuinfektionen – und dieses Kriterium erfüllt
die Kirche. Und da es sie schon seit fast 2.000 Jahren gibt, ist
sie mit Sicherheit keine Eintagsfliege. Sie hat sich nachweis-
lich mit Erfolg um Kranke gekümmert, den Armen geholfen
und Menschen zu Jesus Christus geführt. Jesus selbst hat uns
aufgetragen, in die Welt hinauszugehen und sein Werk zu
tun (siehe Matthäus 28,19–20; Johannes 17,18) – eine Au-
torisierung von höherer Stelle gibt es nicht. In der Kirche ist
Liebe die Motivation für alles, was wir tun; unser wichtigster
Auftrag lautet, so zu lieben, wie Jesus geliebt hat (Johannes

15,12–13). Regierungen und Wirtschaft können nicht im Namen Jesu lieben; das können nur Christen.

Ich reise nun schon seit fünf Jahren als Fürsprecherin für HIV/Aids-Betroffene durch die Welt und habe durch meine Begegnungen mit Führungspersönlichkeiten aus zahlreichen Ländern festgestellt, dass man auf Regierungen keine allzu großen Hoffnungen setzen darf, obwohl viele Regierungsbeamte ehrbare Leute sind. Ich hatte auch die Gelegenheit, etliche Spitzenkräfte aus der Wirtschaft zu treffen, und obwohl darunter viele sehr gute, intelligente Leute sind, gibt auch die Privatwirtschaft wenig Anlass zur Hoffnung. Hoffnung auf dauerhafte gesellschaftliche Veränderung ist vor allem in der Kirche Jesu Christi zu finden. Regierungen, Regimes, Politiker und Strategen, sie alle kommen und gehen; aufs Ganze gesehen haben sie alle keine große Verweildauer. Unternehmen expandieren, schrumpfen, laufen mal gut, mal schlecht und verändern ihren Kurs und ihren Schwerpunkt; auf lange Sicht sind sie nicht so stabil, dass man sich auf sie verlassen könnte. Doch die Gemeinde Jesu ist einzigartig – und sie allein bietet Individuen und Gesellschaften die Möglichkeit, sich wirklich zu verändern.

Ich weiß sehr wohl, dass ich mich hier weit aus dem Fenster lehne. Mir ist schmerzlich bewusst, dass sich die Kirche im Laufe der Jahrhunderte viel zuschulden hat kommen lassen – all die Ungerechtigkeiten und das Unrecht, das Leid, die Vergewaltigungen, Kriege, Diebstähle und Lügen, die im Namen Gottes verbrochen wurden. Ich könnte tagelang über die Fehler und Schwächen meiner Glaubensgeschwister reden, von denen ich allein in den vergangenen Jahren erfahren habe. Und noch mehr bin ich mir meiner eigenen Fehler bewusst. Was sonst könnte erklären, warum ich in den ersten 20 Jahren dieser Erkrankung meine Augen davor verschlossen habe? Sehen wir der Wahrheit einmal ins Gesicht: Wir sind ein ziemlich erbärmlicher Haufen. Wenn Sie eine Bestandsaufnahme machten, würden Sie vermutlich Probleme haben, unter allen Christen auch nur eine einzige Person zu finden, die auch tatsächlich so lebt, wie Gott sich dies von uns wünscht.

Aber warum dann setze ich auch nur ein Fünkchen Hoffnung in dieses Häuflein Versager?

Weil Gott es auch tut.

So seltsam es auch klingt, aber Gott hat alles auf eine Karte gesetzt, nämlich seine Gemeinde. Er hat keine andere Karte! Er war schon immer durch seine Leute am Werk – zuerst erinnerte er das Volk Israel daran, dass es gesegnet worden war, um für andere ein Segen zu sein, und gab ihm dann genaue Anweisungen, wie es für jene sorgen sollte, die durch Armut, Krankheit oder Unrecht schutzlos geworden waren (2. Mose 22,22; 23,11; 3. Mose 19,15; 5. Mose 24,17–19). Auch Jesus wies seine Nachfolger in aller Deutlichkeit an, dass sie tun sollten, was er getan hatte, so zum Beispiel predigen, lehren und heilen (Matthäus 10,8; 25,36–44; Lukas 9,2; 12,33). Die Schreiben der Apostel Paulus und Jakobus führen weiter aus, mit welchem Zweck und Auftrag die Kirche gegründet wurde:

„Wenn andere Gläubige in Not geraten, steht ihnen zur Seite und helft ihnen. Seid gastfreundlich und öffnet für Gäste euer Haus" (Römer 12,13; NL).

„Fordere sie auf, ihr Geld zu nutzen, um Gutes zu tun. Sie sollen reich an guten Taten sein, die Bedürftigen großzügig unterstützen und immer bereit sein, mit anderen zu teilen, was Gott ihnen gegeben hat" (1. Timotheus 6,18; NL).

„Witwen und Waisen in ihrer Not zu helfen und sich vom gottlosen Treiben dieser Welt nicht verführen zu lassen: das ist wirkli-

che Frömmigkeit, mit der man Gott, dem Vater, dient" (Jakobus 1,27; Hfa).

Über die Jahrhunderte hinweg war die Kirche immer ganz vorne mit dabei, wenn es darum ging, sich ganzheitlich um die Menschen zu kümmern, das heißt, sowohl die Bedürfnisse des Körpers als auch die der Seele anzusprechen.

Vor einigen Jahren besichtigten Rick und ich das Schloss von Nottingham in England. Im Keller dieses riesigen und immer noch hoheitsvollen Schlosses sahen wir ein Diorama, das das Leben im Mittelalter darstellte. Eine Szene tat es uns besonders an: Mitten in einer Stadt stand eine Kathedrale, in die Lahme, Arme und Bedürftige hineingingen. Neben dieser Darstellung stand als Erklärung: „Die Kirche bestimmte das Leben von der Wiege bis zum Grab. Die meisten Feiertage waren kirchliche Feste. Die Kirchen waren der natürliche Mittelpunkt des Gemeinschaftslebens. Die Größe der Kirchengebäude deutet darauf hin, dass sie für öffentliche Versammlungen genutzt wurden. Die Kirche half auch den Armen und unterhielt Schulen und Krankenhäuser."

Was ich vorschlage, ist also eigentlich nichts Neues! Vor tausend Jahren war die Kirche genau hierfür bekannt und dafür sollten wir auch heute bekannt sein. Gott hat die Mitglieder seiner Familie damit beauftragt, in dieser Welt seine Hände und Füße zu sein. Sie sollen seine Stimme der Liebe sein, die Wahrheit sprechen, sich richtig verhalten, Unrecht bekämpfen und Gutes tun. Es ist unsere Aufgabe, die herannahende Finsternis zurückzudrängen und in einer viel zu düsteren Welt Gottes Licht zu sein. Wir sind dazu berufen, für die Kranken, die Witwen und die Waisen zu sorgen – und im Namen Jesu zu heilen. Wir sollen die Gute Nachricht von der Errettung predigen und alle Völker zu ihm führen, damit sie Gemeinschaft mit ihm und untereinander haben. Der Herr aller Herren ruft uns auf, ein Leben der Liebe, der Barmherzigkeit und der Gnade zu führen und so den unsichtbaren Gott sichtbar zu machen. Es gibt hier kein Entweder-oder; wir müssen uns um Körper und Seele kümmern. Wir sind Botschafter Christi. Wenn wir versagen, hat er keinen Plan B.

Obgleich ich mir durchaus bewusst bin, dass die Gemeinde Jesu alles andere als perfekt ist, stehe ich doch voll und ganz hinter ihr. Wohin sollte ich auch sonst gehen? Welche andere Familie, welches Zuhause und welches Land werden für alle Ewigkeit Bestand haben? Welche andere Einrichtung kann sich auf die Kraft des allmächtigen Gottes berufen? Keine. Welche anderen Ziele außer den seinen bewegen Männer, Frauen und Kinder dazu, alles aufzugeben, was sie haben, damit andere Heilung, Hilfe und Rettung finden? Es gibt keine Alternative. Es gibt nichts Schöneres als den Leib Christi – alle Gläubigen sind mit ihm und untereinander verbunden und leben gemäß seinem Auftrag in ihrem jeweiligen Winkel der Erde.

In J. R. R. Tolkiens „Die Rückkehr des Königs" haken sich die kleinen Hobbits beieinander unter und gehen ihrem Schicksal gemeinsam entgegen. Sie gehen nicht allein in die Schlacht. Dieses Bild von Freunden, die mit ganzem Herzen, ganzem Einsatz und ganzer Loyalität gemeinsame Sache machen, trifft das Wesen unserer Berufung sehr schön. Wir stehen nicht alleine da. Gott lädt uns ein, Mitglieder seiner Familie zu werden, damit wir im Leben nicht auf uns allein gestellt sind. Wir gehen verzwickte Situationen nicht alleine an. Wir brauchen uns keine Sorgen zu machen, dass wir einmal ohne jeglichen Rückhalt dastehen könnten, wenn wir seinem Ruf folgen. Wir stellen uns den globalen Goliaths nicht nur mit unserer persönlichen Steinschleuder bewaffnet. Wir rücken im Rudel vor, als Mannschaftskameraden, die in derselben Mannschaft spielen, als Musiker in derselben Band, als Vögel in demselben Schwarm, als Brüder und Schwestern einer Familie.

In der Gemeinde Jesu Christi werden die Starken *und* die Schwachen gebraucht! In einer Herde haben auch nicht alle Tiere die gleiche Kraft oder die gleichen Fähigkeiten. Das Können von Mannschaftskameraden unterscheidet sich oft beträchtlich voneinander. In einem Orchester gibt es für etliche Instrumentengruppen die sogenannten „Stimmführer", da die Musiker unterschiedlich begabt und erfahren sind. In einem Vogelschwarm führt der stärkste Vogel die schwächeren an. Jeder weiß, dass Geschwister eine bunte Mischung aus Talenten, Aussehen, Begabungen, Stärken und Schwächen haben.

Der evangelische Pastor Dietrich Bonhoeffer, der unter den Nationalsozialisten ums Leben kam, geht sogar so weit, die folgende Behauptung aufzustellen:

„Es kommt in einer christlichen Gemeinschaft alles darauf an, dass jeder Einzelne ein unentbehrliches Glied einer Kette wird. Nur wo auch das kleinste Glied fest eingreift, ist die Kette unzerreißbar. [...] Jede christliche Gemeinschaft muss wissen, dass nicht nur die Schwachen die Starken brauchen, sondern dass auch die Starken nicht ohne die Schwachen sein können. Die Ausschaltung der Schwachen ist der Tod der Gemeinschaft." [20]

Ohne Gott und seine Gemeinde ist dauerhafte Veränderung kaum möglich. Mit Gott und seiner Gemeinde ist fast alles möglich. Werden Sie mit mir und Millionen anderen – den Schwachen und den Starken – gemeinsame Sache machen und geistliche Verlorenheit, korrupte Leiterschaft, extreme Armut, Pandemien und Analphabetentum durch die Ortsgemeinde bekämpfen? Bonhoeffer hat eine tiefe Wahrheit ausgesprochen, als er sagte: „Die Kirche ist nur dann ihr wahres Selbst, wenn sie für die Menschlichkeit existiert." [21] Werden Sie sich der größten Kraft der Veränderung auf diesem Planeten anschließen?

Hingabe

Sind Sie bereit, Ihre Aufgaben im Leib Christi zu übernehmen und ein Hoffnungsträger für die Welt zu sein?

Gebet

Vater, ich gebe zu, dass ich nicht immer ein begeisterter Anhänger deiner Gemeinde war. Ja, ich habe mich oft für das Versagen und die Aussagen derer geschämt, die für sich in Anspruch nehmen, deine Vertreter zu sein. Bislang hatte ich einfach nicht erkannt, welch gewaltiges Potenzial für persönliche und gesellschaftliche Veränderung darin steckt, wenn Christen sich zusammentun und beschließen, den globalen Goliaths durch die Ortsgemeinden den Kampf anzusagen. Ab heute möchte ich auch dazu beitragen, meine Welt zu verändern. Bitte gebrauche mich nach deinem Willen.

Praktische Schritte

❶ Werden Sie ein Fürsprecher Ihrer Gemeinde, indem Sie trotz ihrer Mängel positiv über sie reden. Sprechen Sie mit Ihrem Lesepartner über Möglichkeiten, wie Sie die Gemeinde bewegen könnten, aktiv zu werden.
❷ Zeigen Sie ganz praktisch, dass Gott in Ihrem Leben an erster Stelle kommt, indem Sie es sich zur Gewohnheit machen, zehn Prozent Ihres Einkommens der Gemeinde zu geben, zu der Sie gehören.

Kapitel 11

Einige sterben vielleicht heute

„Und fürchtet euch nicht vor denen, die den Leib töten, doch die Seele nicht töten können; fürchtet euch aber viel mehr vor dem, der Leib und Seele verderben kann in der Hölle" (Matthäus 10,28; LÜ).

„Der ist kein Narr, der hingibt, was er nicht behalten kann, um damit zu gewinnen, was er nicht verlieren kann" (Jim Elliot: „Im Schatten des Allmächtigen").

Ein wunderbarer Friede lag über dem frühen Morgen, nicht einmal die Möwen waren schon erwacht. Rick und ich waren im Urlaub und ließen den Tag ganz ruhig angehen. Wir saßen auf der Veranda und lasen auf unseren Laptops die Frühnachrichten.

„Oh, Rick!", rief ich irgendwann, „heute Morgen wurden im Jemen drei amerikanische Missionare umgebracht!" Ich kannte diese Missionare nicht persönlich, aber ihr Tod traf mich tief. Mit jedem Tag wurde das Sofortbild von Gottes Willen für mich klarer und ich plante gerade meine erste Reise nach Afrika. Die Nachricht von den Morden am 30. Dezember 2002 führte mir noch einmal vor Augen, dass der Einsatz hoch ist.

War ich bereit, ebenso viel für Jesus zu opfern wie sie? Ich griff zu meinem Tagebuch:

„Habe heute gehört, dass drei Missionsärzte im Jemen erschossen wurden. Meine Gefühle und Gedanken sind ganz durcheinander, aber vor allem tut es mir für ihre Familien leid, die auf so brutale Weise ihre Lieben verloren haben. In gewisser Weise hatten sie es ja gut, dass sie so schnell gestorben sind – keine Folter, keine Misshandlung, kein sich in die Länge ziehendes Warten auf ihre Freilassung, kein Leiden, einfach nur die schnelle Beförderung in die Arme des Vaters! So gesehen kann man sich sogar freuen. Ist das nicht letzten Endes sowieso unser Ziel – ihm von Angesicht zu Angesicht zu begegnen?
Doch es kam überraschend. Keiner von ihnen ist am Morgen aufgestanden und hat gesagt: ‚Heute werde ich sterben.‘ Also muss es für sie ein Schock gewesen sein, als sie erkannten, dass ihre letzte Stunde geschlagen hatte. Andererseits dienten diese Ärzte in einem sehr feindlichen Umfeld, einem Land, in dem Christen nicht gern gesehen sind. Sie wussten, dass sie ihre Arbeit unter großem persönlichen Risiko taten, und sie müssen die Kosten immer wieder überschlagen haben, ehe sie entschieden, dass der Ruf die Kosten wert war. Ich bewundere sie dafür, dass ihnen für Gott nicht einmal ihr Leben zu schade war. Wie Königin Esther sagten sie: ‚Komme ich um, so komme ich um.‘ Ihre Bereitschaft, um des Evangeliums willen alles zu geben, war nicht nur ein Lippenbekenntnis; sie lebten auch danach.
Vater, wenn ich so darüber nachdenke, was du in den kommenden Jahren für mich geplant hast, möchte ich dir sagen, dass ich auch bereit bin, mein Leben aufzugeben, wenn dadurch deine verlorenen Kinder zu dir zurückfinden. Wenn die Menschen, die dich noch nicht kennen, durch meinen Tod sehen können, wie Jesus ist, dann gehört mein Leben dir.“

Sich auf Gott einzulassen hat einen Preis – unwiderruflich und vorbehaltlos Ja zu sagen, ohne Bedingungen und eingebaute Rücktrittsklauseln. Ehrlichen Herzens zu sagen: „Koste es, was es wolle", ist gefährlich. Das Mindeste, was Ihnen in dem Fall abverlangt werden wird, ist, dass Sie Ihre selbstsüchtigen Ambitionen aufgeben. Im äußersten Fall kann es bedeuten, dass Sie Ihr Leben lassen müssen. Zwar werden die wenigsten von uns um Jesu willen sterben müssen, doch tief in unserem Inneren müssen wir zumindest die *Bereitschaft* entwickeln zu sterben, wenn es Gottes Zielen dient.

Mein ganzes Leben lang habe ich immer wieder den einen Satz zu hören bekommen: Der sicherste Ort auf der Welt ist im Zentrum von Gottes Willen. Ich verstehe, was mit dieser Aussage gemeint ist, und Sie sicher ebenfalls, aber ich frage mich, ob wir erkannt haben, dass es auch der gefährlichste Ort auf der Welt ist. Als Jesus im Garten Gethsemane betete, ehe Judas ihn verriet, zeigte das gequälte Ja unseres Retters zu Gottes Plänen, dass er genau wusste, dass ihn seine Hingabe teuer zu stehen kommen würde. Jesus war durchaus im Zentrum von Gottes Willen, als er zum Kreuz geführt wurde.

Man kann als Christ ein „sicheres" Leben führen, doch wer in einem Elfenbeinturm lebt, wird die Welt nicht verändern. Wie Dietrich Bonhoeffer schon sagte: „Wenn Christus einen Menschen beruft, dann ruft er ihn: Komm und stirb!"[22]

Meine erste Afrikareise, die mich nach Mosambik führte, fiel auf den Vorabend des zweiten Irakkriegs. In den Vereinigten Staaten sprachen alle vom Krieg und vom Truppeneinsatz und das Ministerium hatte mit der Alarmstufe Rot die höchste Terrorwarnung ausgegeben. Ich überlegte hin und her, ob ich die Reise nicht lieber verschieben sollte. Ich fliege nicht einmal unter den besten Umständen gerne, und an einen so weit entfernten Ort zu fliegen, wo das Schreckgespenst des 11. September 2001 noch frisch in meiner Erinnerung war, war nicht gerade Balsam für meine Nerven. Rick machte mir Mut, doch der Rest meiner Familie und meine Freunde machten sich Gedanken um meine Sicherheit. Am Ende halfen mir die Worte von Königin Esther bei meiner Entscheidung: „Wenn ich umkomme, komme ich eben um" (Esther 4,16; ELB). Dass sie sich so furchtlos Gottes Willen anvertraute, gab mir den Mut, meine Reise wie geplant zu unternehmen.

Als ich an jenem ersten Morgen in Mosambik erwachte, bestätigten fette Zeitungsschlagzeilen, dass sich die Vereinigten Staaten im Krieg befanden. Ich fühlte mich schon so verletzlich genug, doch nun kam auch noch hinzu, dass ich in einem heiklen Moment der Geschichte fern von meiner Familie, meinem Zuhause und meinem Land war. Ich war bereit gewesen, dieses Opfer zu bringen, und nun hatte ich die Gelegenheit, mein Vertrauen in Gottes Fürsorge, selbst in einer möglicherweise gefährlichen Situation, zu vertiefen.

Sich auf Gott einzulassen ist eben riskant.

Disziplin, Aufopferung, Kosten

Wir sind ziemlich verweichlicht – wirklich. Das Leben in einem kultivierten, hochentwickelten Land voller Annehmlichkeiten und Bequemlichkeit hat unseren Charakter und unsere Entschlussfestigkeit geschwächt. Wir gehen oft den Weg des geringsten Widerstands und sind auch noch stolz darauf, nur das Nötigste getan zu haben – gerade so viel, dass es reicht. Disziplin, Aufopferung, Kosten – das sind Begriffe, die wir nicht gerne hören.

Wann haben Sie zuletzt einen Zeitschriftenartikel über das Thema „Die drei Schritte zur Selbstaufopferung" gelesen? Im Prinzip sind wir nur dann bereit, selbstdiszipliniert oder aufopferungsvoll zu sein oder einen Preis zu zahlen, wenn wir persönlich davon profitieren – wenn es uns hilft, ein für uns wichtiges Ziel zu erreichen. Wir hoffen immer noch, wir könnten etwas umsonst haben. Wir hängen der irrigen Vorstellung an, die Nachfolge würde uns nichts kosten.

Irrtum!

Denken Sie nur an die großen Vorbilder der Glaubenshelden, die in ihrer Hingabe alles drangegeben haben. Wir finden sie im Brief an die Hebräer aufgelistet:

„Soll ich noch mehr aufzählen? Die Zeit würde nicht ausreichen, um von Gideon und Barak und Simson und Jiftach, von David und Samuel und den Propheten zu erzählen. In solchem Vertrauen kämpften sie gegen Königreiche und trugen den Sieg davon. Sie sorgten für Recht und durften erleben, dass Gott seine Zusagen erfüllt. Sie verschlossen den Rachen von Löwen und löschten glühendes Feuer. Sie entrannen dem Tod durch das Schwert. Sie waren schwach und wurden stark. Im Kampf wuchsen ihnen Heldenkräfte zu, sie trieben fremde Heere zurück. In solchem Vertrauen bekamen Frauen ihre Toten als Auferstandene lebendig zurück. Doch andere in Israel ließen sich zu Tode foltern, sie weigerten sich, die angebotene Freilassung anzunehmen; denn sie wollten zu einer weit besseren Auferstehung gelangen. Andere wiederum wurden verspottet und ausgepeitscht, gefesselt und ins Gefängnis geworfen. Sie wurden gesteinigt, zersägt und mit dem Schwert hingerichtet. Sie zogen in Schaf- und Ziegenfellen umher, Not leidend, bedrängt, misshandelt. Wie Flüchtlinge irrten sie durch Wüsten und Gebirge und lebten in Höhlen und Erdlöchern. Die Welt war es nicht wert, dass solche Menschen in ihr lebten. Diese alle fanden durch ihr Vertrauen bei Gott Anerkennung, und doch haben sie bis heute noch nicht bekommen, was Gott den Seinen versprochen hat. Gott hatte für uns noch etwas Besseres vorgesehen, deshalb sollten sie erst zusammen mit uns zur Vollendung gelangen" (Hebräer 11,32–40; GNB).

Die in diesem Abschnitt erwähnten mutigen Personen wurden von Löwen angegriffen, gefoltert, verhöhnt, gegeißelt, in Kerkern in Ketten gelegt, zu Tode gesteinigt, entzweigesägt, mit Schwertern durchbohrt, ausgehungert, unterdrückt und misshandelt. Viele wanderten ohne ein festes Zuhause durch die Lande und suchten nicht selten Zuflucht in Höhlen oder Gruben. Durch alle Jahrhunderte hinweg haben sich Menschen lieber foltern lassen, als Jesus zu verraten. Und diesen Menschenschlag gibt es immer noch. In der Türkei wurden beispielsweise vor Kurzem drei Menschen furchtbar verstümmelt, bevor man sie umbrachte, und das nur, weil sie beschlossen hatten, Jesus als ihren Retter anzunehmen.

Jesus nachzufolgen hat seinen Preis.

Die meisten von uns schaudern vor Angst, wenn wir von Menschen hören, die um ihres Glaubens willen den Märtyrertod gestorben sind; mir geht es jedenfalls so. Dabei verlangt Gott von den wenigsten von uns, diesen Preis zu zahlen. Den meisten von uns wird etwas viel Geringeres abverlangt, obwohl jeder Akt der Hingabe zu einem großen Drama werden kann, wenn wir mit Gott Tauziehen spielen: „Nein, Gott, bitte verlange nicht von mir, dass ich dir dies ausliefere. Das kann ich nicht. Das will ich nicht. Nimm doch lieber *das hier.*" Und während wir weiter beten, weiter nach Gottes Willen fragen, wissen wir oft sehr genau, dass wir genau *diese eine Sache* hingeben müssen, wenn unsere vertraute Beziehung mit Gott nicht leiden soll.

Manchmal müssen wir etwas so Alltägliches oder so Gewöhnliches wie unsere persönlichen Beziehungen opfern. Ich muss ehrlicherweise sagen, dass es nicht immer dem Beziehungsfrieden dient, wenn wir uns Gott mit allem, was wir sind, ausliefern. Anfangs haben meine Kinder meine Ausflüge in die Welt als Fürsprecherin für Menschen mit HIV ja noch geduldet, weil sie mich liebten und wollten, dass ich das tue, wozu ich mich berufen glaubte. Sie sind selbst großzügige junge Leute mit einem großen Herz. Doch es dauerte nicht lange, bis Spannungen und Konflikte auftraten.

Solange die Kinder noch klein waren, hatten wir uns als Familie bewusst für einen schlichteren Lebensstil entschieden, damit ich zu Hause bei den Kindern bleiben konnte. Eine Zeitlang arbeitete ich als Tagesmutter, und ich habe sogar für andere Leute gebügelt, um nicht außer Haus arbeiten zu müssen. Obwohl ich viel Gemeindearbeit machte, war ich trotzdem immer für die Kinder da, sogar noch, als sie erwachsen waren. Und deshalb war es ein Schock für alle, als sich meine Welt in diesem neuen Lebensabschnitt durch meine Rolle als Anwältin für HIV/Aids plötzlich drastisch erweiterte.

Mein Leben veränderte sich zusehends. Es begann damit, dass ich mich einfach um Leute kümmern wollte, die HIV-infiziert waren oder an Aids litten. Als diese Arbeit wuchs, zog ich von meinem Arbeitszimmer zu Hause in ein Bürogebäude um. Anfangs arbeitete ich Teilzeit, doch innerhalb weniger Monate arbeitete ich zum ersten Mal seit 25 Jahren Vollzeit. Schon bald reiste ich viel ins Ausland und konnte seltener Aufgaben in unserer Gemeinde wahrnehmen. Rick hatte immer zu mir gesagt, dass Gott mich eines Tages auf eine Art und Weise gebrauchen würde, wie ich mir das nie vorgestellt hätte, doch als es tatsächlich so kam, brachte das für uns alle viel Unruhe und Unannehmlichkeiten mit sich. Ich war nicht mehr die Alte. Manchmal hatten meine Kinder das Gefühl, mich gar nicht mehr zu kennen.

Es war für uns alle eine schwierige Zeit. Wir saßen stundenlang zusammen und sprachen über unsere Ängste, Befürchtungen, Sorgen und sogar Trauer. Meine Tochter Amy bekam in dieser Zeit die ersten eigenen Kinder. Sie war daran gewöhnt, dass ich immer zur Verfügung stand. Eines Tages schüttete sie mir ihr Herz aus und sagte: „Du fehlst mir, Mutti.

Andere Großmütter gehen mit ihren Enkelkindern jede Woche im Park spazieren. Sie sind immer bereit, kurzfristig mit ihren Töchtern zum Essen auszugehen, sie gehen zusammen einkaufen, sie verbringen Zeit miteinander. Und so hatte ich mir das auch für uns vorgestellt. Doch jetzt muss ich meine Erwartungen an dich zurückschrauben, und das tut weh."

Selbst jetzt noch muss ich weinen, während ich diese Worte tippe. Ich *liebe* meine Kinder und Enkelkinder so sehr, dass es schon fast wehtut. Wer würde auch nicht gern unheimlich viel Zeit mit seinen erwachsenen Kindern und Enkelkindern verbringen, erst recht dann, wenn das sogar *erwünscht* ist? Meine Kinder gehören zu meinen besten Freunden. Meine Enkelkinder haben einen ganz besonderen Platz in meinem Herzen und ich liebe sie heiß und innig.

Aber …

Wenn ich an all die mutter- und vaterlosen Kinder auf der Welt denke, versetzt es mir ebenfalls einen Stich. Dann denke ich daran, wie schrecklich es gewesen wäre, hätten meine drei Kinder ohne Eltern aufwachsen müssen. Wenn ich für meine Enkeltochter Kaylie Mittagessen koche, dann schmerzt mich der Gedanke an die Millionen Kinder, die auf der Suche nach etwas Essbarem Müllhalden durchwühlen. Wenn ich die kleine Cassidy beim Einschlafen im Arm halte, höre ich manchmal das klägliche Schreien von Babys, die am Straßenrand oder auf einem Feld ausgesetzt wurden. Ich fühle die Verzweiflung und die Hoffnungslosigkeit von Kindern, die auf den Straßen der Weltstädte leben. Ich spüre immer noch die Körperwärme der dreijährigen verwaisten Nisende, als sie sich an mich kuschelte. Ich wünsche mir sehnlichst, dass die Kinder dieser Welt all das haben, was meine geliebten Enkelkinder haben. Also muss ich mich fragen: „Wenn *ich* mich nicht für sie einsetze, wer dann? Wenn *ich* sie nicht bemuttere, wer dann?" Gott kann uns doch sicher dazu befähigen, nicht nur für unsere eigenen Familien, sondern auch für die Familienlosen zu sorgen.

Die Gesichter der HIV-positiven Männer und Frauen, die ich kennengelernt habe, lassen mich Nacht für Nacht aus dem Schlaf aufschrecken. Ich sehe Joannas ausgemergelten Körper unter dem Baum vor mir. Ich stöhne auf, wenn ich Floras ergreifende Frage höre: „Wer wird sich um meine Kinder kümmern, wenn ich tot bin?" Ich denke an Alberto aus Santa Ana in Kalifornien, der Aids hatte und deshalb im Hinterhof eines Verwandten lebte. Ich spüre Dons Verletzlichkeit, als er von seiner Hoffnung sprach, einmal nicht allein sterben zu müssen. Ich erinnere mich an die Tagung „Aids und die Kirche", auf der ich Barb im Arm hielt, eine Freundin mit HIV, die vor Freude schluchzend am ganzen Körper zitterte, weil sie sich von Christen angenommen wusste. Ich kann das Leuchten sehen, das in den Augen meines Freundes und Aidsaktivisten David zu glühen begann, als er zum ersten Mal im Leben die Liebe Jesu Christi erfuhr.

Dies sind die Menschen, die mich für immer verändert haben. Sie sind es, die mich dazu gebracht haben, mein bequemes Leben gegen ein unberechenbares auszutauschen. Dieses Leben hat auch seine schönen Seiten – aber es ist ein Leben, in dem ich nicht länger darauf spekulieren kann, dass schon jemand anderes auf Gottes Einladung hören wird, sich um die Menschen zu kümmern. Ich bin nicht mehr derselbe Mensch wie noch vor fünf Jahren. Mein Leben liest sich wirklich wie eine „Vorher"- und „Nachher"-Geschichte.

Das „Nachher"-Leben

Von meinem „Vorher"-Leben ist nicht mehr viel übrig. Ich habe nicht mehr so viel Zeit, um das Haus in Ordnung zu halten oder um für meinen Mann und unseren erwachsenen Sohn, der noch zu Hause lebt, aufwändig zu kochen. Nicht selten haben wir nur massenhaft Miraculi und Bananen im Haus – oder eine Menge Fertiggerichte im Gefrierschrank. Die Wäsche stapelt sich – allerdings nur meine eigene, weil Rick und Matthew ihre Wäsche inzwischen selber erledigen. So hätte ich früher nicht leben können – man kann keine Kinder großziehen, wenn die Eltern abwesend sind, die Schränke leer und die Wäsche dreckig! Ich lese fast keine Zeitung mehr, obwohl ich noch mehrere Zeitschriften überfliege und die Nachrichten im Internet verfolge. Rick und ich müssen unsere Beziehung sehr bewusst gestalten. Da wir beide vielbeschäftigt sind, besteht immer die Gefahr, dass wir verschiedene Richtungen einschlagen (was auch schon vorgekommen ist) und uns auseinanderleben. Wir müssen uns bewusst Zeit füreinander nehmen. Überhaupt muss ich alle meine Beziehungen sehr bewusst gestalten, die zu Kindern, Eltern, Geschwistern und Freunden. Zeit, die ich früher mit Freundinnen verbrachte, geht nun für die Arbeit und Geschäftsbeziehungen drauf. Einige meiner Freundinnen waren enttäuscht darüber, dass ich unsere Freundschaft nicht mehr so wie früher pflegen konnte. Mich schmerzt dies auch, denn ich habe sie sehr gern. Meine Kleingruppe, zu der außer Rick und mir noch drei andere Paare gehören, die mir in dem ganzen Veränderungsprozess zur Seite gestanden haben, ist mir nach wie vor sehr wichtig. Gerade weil ich jetzt weniger Zeit für Beziehungen habe, ist es mir umso wichtiger, eine kleine Gruppe von Menschen zu haben, die mir immer wieder den Spiegel vorhalten.

Unsere Gemeindeglieder und hauptamtlichen Mitarbeiter mussten sich daran gewöhnen, dass ich nun viel häufiger auftrat, um den PEACE-Plan und die HIV/Aids-Arbeit vorzustellen. Als *Saddleback* mit den Jahren wuchs, leitete ich die

Frauenarbeit, war im Team, das sich um neue Mitglieder kümmert, engagierte mich in der College-Arbeit und schließlich in der Arbeit für unsere Pastorenfrauen. Heute ist meine Arbeit sehr viel stärker auf einige wenige Dinge ausgerichtet, da ich meine gesamte Energie auf die Ausrottung von HIV/Aids richte.

Ich habe die Anzahl der Orte, an denen ich als Referentin spreche, bewusst eingeschränkt. Ich nehme normalerweise nur noch dann Einladungen an, wenn die Veranstalter möchten, dass ich über HIV/Aids und die Rolle der weltweiten Kirche rede, oder wenn es darum gehen soll, Männer und Frauen aufzurufen, sich um Menschen zu kümmern.

Meine Stimme ist stärker geworden. Es fällt mir leichter, meine prophetischen Gaben einzusetzen und Menschen zur Umkehr und zur Veränderung aufzurufen. Dadurch wurde ich jedoch auch zur Zielscheibe öffentlicher Kritik. Als Ehefrau von Rick Warren wurde ich selten persönlich von Außenstehenden kritisiert. *Saddleback* als Gemeinde und Rick selbst mussten von Anfang an Schläge einstecken, doch mich betraf das nur indirekt. Die Kritik an unserer Gemeinde hat mir zwar wehgetan, doch es ging dabei ja nicht um mich.

Jetzt bin ich jedoch selbst zur Zielscheibe geworden. Ich musste mir ein dickeres Fell zulegen, während mein Herz gleichzeitig weicher werden sollte. Auf beiden Seiten des Aidslagers gibt es Menschen, die mich nicht mögen. Einige, die ideologisch „rechts außen" stehen, halten meine Versuche für unbiblisch und fehlgeleitet; andere halten mich schlicht für einen weichherzigen Idioten. Am linken Ende des Spektrums bezeichnen mich einige als schwulen- und lesbenfeindlich, ignorant und betrachten meine Bemühungen sehr kritisch. Eine Person schrieb mir sogar eine E-Mail mit dem folgenden grausamen Satz: „Ich wünschte, Sie wären an Brustkrebs gestorben." Das sind schmerzhafte, schockierende Worte – aber sie sind nicht schlimmer als die hässlichen Erfahrungen homosexueller Männer und Frauen, die als „Schwuchtel" oder „Tunte" verspottet werden, und das zumeist von Christen. Plötzlich werden mir Schimpfwörter an den Kopf geworfen. Für jemanden wie mich, der auf Kritik immer hochempfindlich reagiert hat, war das schmerzhaft, und ich musste lernen, mir ein dickeres Fell zuzulegen und nicht alles gleich persönlich zu nehmen. Ich kann mir einfach keinen Kopf mehr darüber machen, was die Leute von mir halten. Es würde mich sonst völlig fertigmachen.

Große Gewinne

Ja, vorbehaltlose Hingabe hat ihren Preis, aber es gibt auch viel zu gewinnen: Mein Charakter ist tiefer geworden, mein Glaube kühner, und ich habe viel dazugelernt. Ich habe weniger Lampenfieber vor öffentlichen Ansprachen und bin die jahrzehntelange Angewohnheit losgeworden, meine Gaben mit denen von Rick zu vergleichen. Ich bin heute flexibler und weniger darauf angewiesen, im Voraus immer genau zu wissen, was im Detail geplant ist, wo ich auftreten und was ich sagen soll. Ich fühle mich wohler, wenn ich unter Leuten bin. Ich staune darüber, dass das introvertierte Pflänzchen, das sich immer sofort in die Zimmerecke flüchtete und sich den ganzen Abend lang nur mit einer Person unterhielt, heute mit prominenten Leuten in einer Ungezwungenheit spricht, die ich nie für möglich gehalten hätte.

Weil ich Gott mein Leben unterstellt habe, habe ich nun deutlich weniger Angst vor Ansteckung oder Bakterien, wenn ich Kranke berühre und in den Arm nehme. Ich fliege überallhin und mir ist in kleineren Maschinen sogar wohler. Ich bin in jedem Bereich meines Lebens risikobereiter. Ganz gleich, ob es sich dabei um körperliche Unversehrtheit handelt, um seelische Verletzungen oder um die Auseinandersetzung mit schwierigen Lebensfragen – ich bin viel mehr bereit, Gott zu vertrauen. Ich bin auch eher bereit, an Wunder zu glauben, die Kontrolle abzugeben und mit Ungewissheiten zu leben. Ich kann Rätsel und unbeantwortete Fragen leichter ertragen, vertraue mehr auf Gottes Souveränität und verlasse mich mehr denn je auf Gottes Kraft, obwohl ich auch mehr Zutrauen in meine eigenen Fähigkeiten und Gaben habe. Ich bin offener für neue Sichtweisen und dafür, das Leben von einer anderen Warte aus zu betrachten. Mir ist es jetzt ganz wichtig, aus meinem Leben etwas zu machen, das zählt. Ich habe das Gefühl, mit dem allmächtigen Gott partnerschaftlich zusammenzuarbeiten. Ich genieße eine Vertrautheit mit ihm, nach der ich mich immer gesehnt hatte – und ich weiß, dass mein Herz in einem Takt mit dem seinen schlägt. Dies alles gewinnt man, wenn man sich vorbehaltlos auf Gott einlässt.

Ist das all die Opfer wert? Würde ich es noch einmal tun? Ja, oh ja. Aber hatte es einen Preis? Es hat mich mehr gekostet, als ich mir je hätte träumen lassen. Ist die Sache ihren Preis wert? JA! Ich setze mich ja für die Menschen mit HIV/Aids nicht nur um ihrer selbst willen ein; ich tue, was ich tue, um Jesu willen. Weil ich sein bin und er mein, ist es mein größter Wunsch, mich ihm zu unterstellen. Ich möchte so sein, wie er mich haben möchte – so lieben, wie er liebt, mich von den Dingen, die ihm das Herz brechen, erschüttern lassen, seine Hände und Füße in dieser Welt sein. Ich möchte mich ganz für die verausgaben, denen Leid widerfahren ist – aber nicht nur für sie. Ich tue es, um auf diese Weise Jesus zu lieben. Jesus liebt sie, also liebe ich sie auch. Ihm gilt meine Liebe zuallererst.

Als ich das Leben, das ich kannte und in dem es mir gemütlich eingerichtet hatte, losließ und ein Leben begann, das unbekannt und ungemütlich war, hat Gott in meinem Leben Wunder gewirkt. Die junge Frau, die schreckliche Angst davor hatte, zeit ihres Lebens nur gewöhnlich und durchschnittlich zu bleiben, wurde Zeuge davon, wie Gott das spärliche „Mittagessen", das sie ihm mit zitternden Händen übergab, zu Brot machte, von dem andere satt wurden. Er hat sein Versprechen wahr gemacht. In den Händen des Meisters wird das Gewöhnliche außergewöhnlich und das Alltägliche wundersam. Er macht aus meinem Leben – und dem Leben der Menschen, deren Geschichten ich erzählt habe – „Brot und Wein", die für geistlich Hungrige und Durstige Nahrung sein können.

Aus mir selbst heraus habe ich nichts zu geben – aber Christus *in mir* schon. Er hat mein Leben durch die Verletzungen, die ich mir zugezogen habe, zu einem heiligen Opfer gemacht: sexuelle Belästigung, unchristliches Verhalten im Verborgenen, Ehekonflikte, zwei Krebsattacken und andere Verletzungen, die nur ihm bekannt sind. Die Art und Weise, wie Gott mich vorbereitet hat, um aus mir eine Fürsprecherin für Menschen mit HIV zu machen, war in vieler Hinsicht ein schmerzhafter Weg, und ich habe unzählige Male protestiert, dass ich mich nicht für diese Aufgabe eigne. Ich habe ihm fälschlicherweise vorgeworfen, grob und gefühllos mit mir umzuspringen. Und doch wäre ich ohne die Verletzungen nicht der Mensch, der ich heute bin. Wenn Gott mich nicht „ausgedrückt" hätte, wären weder „Brot" noch „Wein" da, um andere damit zu stärken.

Immer dann, wenn ich völlig am Ende meiner Kräfte zu sein glaube, schickt Gott mir andere Wanderer über den Weg, die mich ermutigen und mir einen ordentlichen Tritt in den Hintern geben. François Fénelon, Jim und Elisabeth Elliot, Amy Carmichael, Henri Nouwen, Oswald Chambers und viele andere – sie haben vorgelebt, wie ein Leben in der völligen Hingabe aussehen kann, und das macht mir immer wieder Mut und stärkt mein Durchhaltevermögen. Die folgenden Worte von Chambers fassen Gottes Einladung an uns sehr treffend zusammen:

„Wir nehmen oft die geistliche Arbeit, der wir uns verpflichtet haben, und versuchen, einen Ruf Gottes daraus zu machen, aber wenn wir in die richtige Verbindung zu ihm treten, kann es sein, dass er das alles wegwischt. Dann gibt er uns ein ungeheures, schmerzhaftes Bedürfnis, uns auf etwas zu konzentrieren, das wir nicht im Traum für eine Aufgabe von ihm gehalten hätten. Und einen blitzartigen, strahlenden Augenblick lang sehen wir seinen Plan und sagen: ‚Hier bin ich, sende mich!‘ (Jesaja 6,8).
Dieser Ruf hat nichts mit persönlicher Rechtfertigung zu tun. Es geht darum, als Brot und Wein anderen zur Stärkung zu dienen. Aber wenn wir uns weigern, das Instrument zu akzeptieren, mit dem Gott die Schale der Traube aufbrechen will, kann er uns nicht zu Wein machen. Wir meinen dann: ‚Wenn Gott es mit eigener Hand täte und mich auf eine bestimmte Art zu Brot und Wein machte, dann hätte ich ja nichts dagegen.‘ Aber wenn er dazu jemanden gebraucht, den wir nicht mögen, oder Umstände, die zu ertragen wir uns entschieden geweigert haben, dann protestieren wir. Aber wir dürfen nie versuchen zu bestimmen, welches Leid wir auf uns nehmen wollen. Wenn wir überhaupt zu Wein werden wollen, muss die Schale des Eigenwillens aufgebrochen werden, denn Trauben kann man nicht trinken. Trauben werden nur zu Wein, wenn man sie ausgedrückt hat.
Welches Werkzeug gebraucht Gott, um die Schale deines Eigenwillens aufzubrechen? Bist du steinhart und hast sie noch nicht zerdrücken lassen? Wenn du noch nicht reif wärest und Gott hätte dich trotzdem ‚ausgedrückt‘, dann wäre dieser Wein sehr bitter. Heilig zu sein bedeutet, dass die Bestandteile unseres natürlichen Wesens die Gegenwart Gottes selbst erleben und so von ihm in

Dienst genommen werden. Wir müssen unseren Platz in Gott fin-
den und seinen Willen annehmen, ehe er uns für andere einset-
zen kann. Bleibe fest verbunden mit Gott und lass ihn tun, was er
möchte, dann wirst du sehen, dass er Brot und Wein zur Stärkung
für seine anderen Kinder schafft."[23]

Was für ein herrliches Bild! In Gottes Händen kann mein
Leben zu Brot und Wein werden, die andere auf ihrer Reise
stärken. Doch nicht selten bin ich wie die Person, die Chambers beschreibt – dann winde ich mich aus Gottes Händen,
um ja nicht ausgedrückt zu werden, und vertue damit auch
die Chance, zu Brot und Wein für andere zu werden. Weizen
kann nicht zu Brot werden, ohne vorher gedroschen worden
zu sein. Trauben werden niemals ihre Süße hergeben, wenn
man sie nicht ausgepresst hat. Erkennen Sie sich in diesem
Bild wieder? In welcher Weise haben Sie versucht, Gottes
Händen zu entgehen? Ist Ihnen die Sache den Preis wert?

Die Sache ist ihren Preis wert

Bei Spielfilmen habe ich zwar einen eher mädchenhaften Ge-
schmack – bitte keine Science-Fiction-, Fantasy- oder Kriegs-
filme –, aber trotzdem gehört die „Der Herr der Ringe"-Trilo-
gie mit ihrer metaphorischen Welt zu meinen Lieblingsfilmen.
Ich bin fasziniert von der Geschichte der gewöhnlichen, ja eigentlich recht einfältigen, kleinen Hobbits, die in den ulti-
mativen Kampf zwischen Gut und Böse und der Verheißung
der Rückkehr des Königs hineingerissen werden. Mir schlägt
das Herz bis zum Hals, wenn die Elbenprinzessin Arwen mit
dem verwundeten Frodo im Arm tapfer den Ringgeistern zu
entkommen versucht, die auf ihren schwarzen Pferden hinter
ihr herdonnern und immer näher kommen. Ich muss über die

Scherze von Merry und Pippin lachen und freue mich zu sehen, wie die leichtlebigen jungen Männer zu streitbaren Kriegern heranreifen. Gollums gequälte Natur erinnert mich an den nie enden wollenden Kampf in meiner eigenen Seele, an mein ewiges Schwanken zwischen Richtig und Falsch. Die zarte Freundschaft, die sich zwischen Sam und Frodo entwickelt, bringt in mir etwas zum Klingen, und Sam, der für Frodo durchs Feuer gehen würde, spornt mich an, meinen Freunden mit der gleichen tiefen Loyalität zu dienen.

Das Böse gewinnt schnell an Macht, und es dauert nicht lange, da wird all das Gute auf der Welt von Saruman und seinem grotesken Heer von Orks bedroht. Im dritten Teil, „Die Rückkehr des Königs", stehen Aragorn, Gandalf, der Zauberer, zwei Hobbits und die Streitkräfte aus Elben, Menschen, Zwergen und anderen Geschöpfen reglos da und beäugen das Heer Sarumans. Saruman hat böse Riesenungeheuer geschaffen, die Uruk-Hai, eine Kreuzung aus Ork und Mensch. Die Kämpfer für das Gute erkennen schnell, dass sie Sarumans Truppen weit unterlegen sind. Aragorn blickt prüfend in die Gesichter seiner teuren Gefährten. Ihr grimmig-entschlossener Gesichtsausdruck verrät, sie wissen, dass viele von ihnen in dieser Schlacht umkommen werden. Mit hoch erhobenem Schwert wendet Aragorn sich der gewaltigen Armee des Bösen zu, stößt einen donnernden Kriegsruf aus und wirft sich den Streitkräften der Finsternis entgegen. Seine Kameraden stimmen in den Kampfschrei ein und stürzen sich Hals über Kopf in ihren beinahe sicheren Untergang. Das Gemetzel ist groß. Messer, Schwerter und Äxte hacken Gliedmaßen und Köpfe ab – und schon bald ist das Schlachtfeld mit Sterbenden und Toten übersät.

Doch Wunder über Wunder: Die Streitmächte des Guten halten stand! In einem unerwarteten Sieg triumphiert die Schwachheit über die Stärke. Die Hobbits, Elben und Menschen hätten niemals vorhersehen können, dass sie den Feind mit ihrer unterlegenen Streitmacht zurückschlagen würden. Aber gerade das macht ihre Bereitschaft, sich selbst zu opfern, so edel. Was trieb sie dazu, gegen eine überlegene Armee in die Schlacht zu ziehen, obwohl sie wussten, dass sie bei dem Versuch höchstwahrscheinlich ihr Leben lassen würden? Warum riskierten sie es, tödlich verwundet zu werden? Sie glaubten, dass die Sache den Preis wert war. Sie glaubten, ihre Bemühungen – ihr möglicher Tod eingeschlossen – könnten die Rückkehr des Königs einläuten.

Nach meiner dritten Chemotherapie verließ ich das Krankenhaus völlig mutlos. Meine Blutwerte waren so schlecht wie meine Stimmung. Ich war noch sehr anfällig für Infektionen und durfte nicht zu oft unter Leute gehen. Doch ich war die Isolation und das Leben im Glashaus so leid, dass Rick vorschlug, am Nachmittag ins Kino zu gehen, wenn weniger Leute die Vorstellung besuchen. Er wollte „Die Rückkehr des Königs" sehen. In meiner niedergedrückten Stimmung war das nicht gerade meine erste Wahl, doch ich war viel zu ausgelaugt, um einen Alternativvorschlag zu machen. Also ließ ich mich kurz vor Weihnachten müde in einen Kinosessel plumpsen. Schon bald war ich völlig von dem ergreifenden Drama gefesselt, das sich auf der Leinwand entfaltete. Ich weinte, als Sam schwor, Frodo die letzten Meter auf ihrer Reise zum Schicksalsberg zu tragen. Seine liebevolle Erklärung: „Ich kann nicht den Ring tragen, Herr Frodo, aber ich kann dich tragen", erinnerte mich an meine Familie und Freunde, die mich in meiner Krankheit trugen. Ich weinte sogar noch mehr, als sich die tapferen Soldaten durch die Reihen des bösen Heers vorankämpften. Sie strahlten unglaubliche Kraft und Mut aus, weil sie fest entschlossen waren, alles zu geben und nichts zurückzuhalten.

Während meiner Krebsbehandlung hatten mich viele für

meine Stärke und meinen Mut gelobt. Doch als ich da in dem dunklen Kinosaal saß, erkannte ich, dass ich weder mutig noch stark war; ja, eigentlich traf das genaue Gegenteil zu. Ich muss zugeben, dass ich die meiste Zeit Todesängste ausgestanden hatte. Doch durch einen Kinofilm – der Geschichte gewöhnlicher Gestalten, die sich einer enormen Herausforderung stellen und diszipliniert und aufopferungsvoll kämpfen – entdeckte ich etwas, das zur Metapher für mein Leben wurde. Plötzlich wusste ich wieder, warum ich tat, was ich tat, und warum ich mich dazu völlig auf Gott einlassen musste. Diese Figuren waren bereit, ihre eigenen Ziele und Pläne für den Kampf gegen das Böse zu opfern; ich auch. Sie waren bereit, ihr Leben für ihre Freunde hinzugeben; ich auch. Sie waren bereit, alles, was ihnen lieb und teuer war, aufzugeben, wenn das die Rückkehr ihres Königs beschleunigen konnte; ich auch. Ich weiß nicht, wann Jesus wiederkommt, aber er ist mein König. Ich werde alles tun, was er von mir verlangt, um seine Rückkehr zu beschleunigen. Er ist der Einzige, der das Zerbrochene in unserer kranken Welt – ein für alle Mal – heil machen kann.

Der Preis ist hoch – höher, als wir erwarten. Doch wenn wir ihm unser Leben anvertrauen und willens sind, den höchsten Preis zu zahlen, dann dürfen wir die Gewissheit haben, dass eines Tages das Recht wie Wasser und die Gerechtigkeit wie ein nie versiegender Bach strömen wird; dass alle Tränen abgewischt werden, die Gnade über das Gericht triumphiert, Waisenkinder eine Familie haben, die heute für Krankheit anfälligen Körper gesund bleiben und die Liebe siegen wird!

Diese Berufung ist *auf jeden Fall* den Preis wert.

Ich beschloss meinen Tagebucheintrag vom 30. Dezember 2002, dem Tag, an dem drei Christen um ihres Glaubens willen ermordet worden waren, mit den Worten, die John Baillie als Morgengebet für den 27. Tag eines jeden Monats schrieb:

„*Für die Kraft seines Kreuzes in der Weltgeschichte seit seinem
Kommen:*
*Für alle, die ihr Kreuz auf sich genommen haben und ihm gefolgt
sind:*
*Für die hehre Schar der Märtyrer und alle, die bereit sind
zu sterben, auf dass andere leben:*
*Für alle, die aus freien Stücken für edle Ziele leiden, für tapfer
ertragenen Schmerz, für vergängliche Leiden, die dazu dienen,
unvergängliche Freuden zu schaffen:*
Preise ich dich und lobe deinen heiligen Namen."[24]

Sind Sie bereit, Ihre Welt von Gott auf den Kopf stellen zu
lassen? Sind Sie bereit, Ihr Leben von ihm erschüttern zu lassen? Sind Sie bereit, sich ganz auf Gott einzulassen? Werden
Sie Unrecht aufdecken und sich ihm entgegenstellen, wo immer Sie ihm begegnen? Werden Sie mit in den Kampf ziehen?
Werden Sie den unsichtbaren Gott sichtbar machen, indem
Sie in dieser zerbrochenen Welt seine Hände und seine Füße
sind – indem Sie Gutes tun? Werden Sie sich mit mir und
Millionen anderen verbünden, die es sich zum Ziel gesetzt ha-
ben, mit Hilfe der Ortsgemeinden gegen die globalen Goli-
aths ins Feld zu ziehen? Werden Sie sich in Gottes liebende
Hände begeben, um gebrochenes Brot und ausgeschenkter
Wein zu werden, die geistlich verhungernden, verdurstenden
Menschen Leben bringen?

Sind Sie bereit, um seinetwillen alles aufs Spiel zu setzen?
Werden Sie Ja sagen zu Gott?

Wenn ja, dann wartet die Welt schon …

Hingabe

Werden Sie Ihr Leben und alles, was Ihnen lieb und teuer ist, für das Reich Gottes aufs Spiel setzen?

Gebet

Gott, ich weiß gar nicht, ob ich stark, mutig oder diszipliniert genug bin, um den erforderlichen Preis dafür zu zahlen, dass dein Reich kommt. Ich bin bequem geworden und versuche zu oft, mich aus einer schwierigen Situation herauszuwinden, anstatt sie bei den Hörnern zu packen. Könntest du mich heute daran erinnern, dass die Sache jeden Preis wert ist? Ich glaube, dass du die belohnst, die dich suchen, und ich darf damit rechnen, eine Sache von unendlichem Wert zu gewinnen, auch wenn du von mir verlangen solltest, etwas Kostbares aufzugeben. Ich bin bereit, alles für dich aufs Spiel zu setzen.

Praktische Schritte

❶ Denken Sie in Ruhe darüber nach, inwiefern Gott Sie beim Lesen von „Glaube auf eigene Gefahr" verändert hat. Wenn Sie einen Lesepartner haben, dann tauschen Sie sich bei Ihrem nächsten Treffen über diese Überlegungen aus.

❷ Beten Sie für die Brüder und Schwestern aus Gottes Familie, die wegen ihrer Hingabe an Jesus Christus verfolgt werden.

Weiterführende Lektüre

- Beah, Ishmael: „Rückkehr ins Leben. Ich war ein Kindersoldat". Campus Verlag, 2007.
- Bonhoeffer, Dietrich: „Nachfolge". Gütersloher Verlagshaus, 2002[2].
- Chambers, Oswald: „Mein Äußerstes für Sein Höchstes". Blaukreuzverlag, 1998.
- Chambers, Oswald: „Was ihr bitten werdet. Von der Macht des Gebets". Francke Verlag, 1991.
- Cloud, Henry: „Vier Schritte in eine gesunde Zukunft. Heilung von seelischen Schmerzen". Hänssler Verlag, 2005.
- Coleman, Robert: „Des Meisters Plan der Jüngerschaft". Lichtzeichen Verlag, 1997.
- Companjen, Anneke: „Bittere Tränen – leuchtende Hoffnung. Die verfolgte Kirche und ihre vergessenen Frauen". Brunnen Verlag, 2006.
- Elliot, Elisabeth: „Durchs Tor der Herrlichkeit". Aussaat Verlag, 2002.
- Elliot, Elisabeth: „Im Schatten des Allmächtigen. Das Tagebuch Jim Elliots". Brockhaus Verlag, 2004.
- Gourevitch, Philip: „Wir möchten Ihnen mitteilen, daß wir morgen mit unseren Familien umgebracht werden. Berichte aus Ruanda". Berliner Taschenbuch Verlag, 2008.
- Jenkins, Philip: „Die Zukunft des Christentums. Eine Ana-

lyse der weltweiten Entwicklung im 21. Jahrhundert".
Brunnen Verlag, 2006.

* Lucado, Max: „Weil Gott dich trägt". Hänssler Verlag, 2004.
* Melvern, Linda: „Ruanda. Der Völkermord und die Beteiligung der westlichen Welt". Diederichs, 2004.
* Muggeridge, Malcolm: „Mutter Teresa. Ein Leben für die Ausgestoßenen". Herder Verlag, 1984[12].
* Murray, Andrew: „Hingabe – der Ruf an den Glaubenden". 1984.
* Mutter Teresa: „Der einfache Weg". Hoffmann & Campe, 1995.
* Nouwen, Henri: „Der Kelch unseres Lebens". Herder Verlag, 2008.
* Nouwen, Henri: „Geheilt durch seine Wunden. Wege zu einer menschlichen Seelsorge". Herder Verlag, 1987.
* Nouwen, Henri: „In ihm das Leben finden. Einübungen". Herder Verlag, 1996.
* Nouwen, Henri: „Seelsorge, die aus dem Herzen kommt". Herder Verlag, 2000[10].
* Nouwen, Henri: „Was mir am Herzen liegt. Meditationen". Herder Verlag, 2002[5].
* Plass, Adrian/Plass, Bridget: „Licht im Herzen der Finsternis. Erlebnisse und Begegnungen in Afrika". Brendow Verlag, 2006.
* Thomas, Gary: „Woran sieht man, dass du glaubst? 14 Wege, den Glauben zu leben". Brunnen Verlag, 2006.
* Warren, Rick: „Kirche mit Vision". Gerth Medien, 2003.
* Warren, Rick: „Leben mit Vision". Gerth Medien, 2003.
* Warren, Rick: „Zwölf – Gottes Antworten auf schwierige Lebensfragen". Gerth Medien, 2007[2].
* Yancey, Philip: „Gnade ist nicht nur ein Wort". Brockhaus Verlag, 2007.

Anmerkungen

[1] Gary Thomas: *Seeking the Face of God*. Havest House, 1994. S. 95.
[2] „Ordinary People". Text: Danniebell Hall, Forever Danniebell Ministries. Übersetzung für dieses Buch: Barbara Schuler.
[3] François Fénelon: *The Seeking Heart*. SeedSowers, 1992. S. 125.
[4] Thomas: *Seeking the Face of God*, a. a. O., S. 91.
[5] Fénelon: *Seeking Heart*, a. a. O., S. 79.
[6] Ebd., S. 99.
[7] Ebd., S. 3–4.
[8] John Wesley hat dieses Gebet 1755 bei den Methodisten eingeführt und es dem Puritaner Richard Alleine (17. Jahrhundert) zugeschrieben. Die hier zitierte Fassung stammt aus dem Gesangbuch der Evangelisch-methodistischen Kirche in Deutschland/Österreich/Schweiz/Frankreich (EM). Entnommen ist es aus dem liturgischen Formular für den „Gottesdienst zur Erneuerung des Bundes mit Gott" (Nr. 776 im EM). Mit herzlichem Dank an den Medienbeauftragten der EmK Deutschland, Klaus Ulrich Ruof.
[9] Fénelon: *Seeking Heart*, a. a. O., S. 25.
[10] Henri J. M. Nouwen: *Out of Solitude*. Ave Maria, 1974. S. 42–43.
[11] Ebd., S. 43.
[12] Ebd., S. 40–41.
[13] Lewis Smedes: *How Can It Be All Right When Everything Is All Wrong?* HarperSanFrancisco, 1992. S. 75.

[14] Zitiert in Mother Teresa: *A Simple Path*. Ballantine, 1995. S. 88.

[15] Fénelon: *Seeking Heart*, a. a. O., S. 17.

[16] Auszug aus dem Lied „Over the Rainbow" („Über dem Regenbogen"), von E. Y. Harburg.

[17] Oswald Chambers: „Mein Äußerstes für Sein Höchstes". Blaukreuzverlag, 1998. 6. Januar.

[18] Henri J. M. Nouwen: *Can You Drink The Cup?* Notre Dame, Ind.: Ave Maria, 1996. S. 57.

[19] Kibuye, Ruanda. *Saddleback Church*. Dezember 2006. Infos vom Nationalen Institut für Statistiken von Ruanda.

[20] Dietrich Bonhoeffer: „Gemeinsames Leben". Gütersloh: Gütersloher Verlagshaus, 2001. S. 80.

[21] Dietrich Bonhoeffer: *Letters and Papers from Prison*. Macmillan, 1971. S. 382. Der deutsche Zitatwortlaut stammt aus dem Internet.

[22] Dietrich Bonhoeffer: *The Cost of Discipleship*. Macmillan, 1959. S. 99. Der deutsche Zitatwortlaut stammt aus dem Internet.

[23] Oswald Chambers: „Mein Äußerstes für Sein Höchstes". 30. September.

[24] John Baillie: *A Diary of Private Prayer*. New York: Scribner, 1949. S. 113.